O Brasil que os europeus encontraram

Laima Mesgravis
Carla Bassanezi Pinsky

O Brasil que os europeus encontraram

editora**contexto**

Copyright © 2000 das Autoras
Todos os direitos desta edição reservados à
Editora Contexto (Editora Pinsky Ltda.)

Coordenação editorial
Daisy Barreta

Revisão
Sandra Regina de Souza

Projeto de capa
Antonio Kehl

Dados Internacionais de Catalogação na Publicação (CIP)
(Câmara Brasileira do Livro, SP, Brasil)

Mesgravis, Laima
O Brasil que os europeus encontraram : a natureza, os índios,
os homens brancos / Laima Mesgravis, Carla Bassanezi Pinsky. –
2. ed., 1ª reimpressão. – São Paulo : Contexto, 2024.
(Repensando a História)

Bibliografia.
ISBN 978-85-7244-140-7

1. Brasil – História – Período colonial 2. Colonos – Brasil –
História – Período Colonial 3. Índios da América do sul –
Brasil – História – Período colonial 4. Recursos naturais –
Brasil I. Pinsky, Carla Bassanezi II. Título. III. Série.

00-0923   CDD-981.021

Índices para catálogo sistemático:
1. Brasil : Período colonial : História   981.021
2. Brasil-colônia : História   981.021

2024

Editora Contexto
Diretor editorial: *Jaime Pinsky*

Rua Dr. José Elias, 520 – Alto da Lapa
05083-030 – São Paulo – SP
PABX: (11) 3832 5838
contato@editoracontexto.com.br
www.editoracontexto.com.br

Proibida a reprodução total ou parcial.
Os infratores serão processados na forma da lei.

Sumário

Introdução 7
A natureza 13
Os índios 33
Os colonos 93
Sugestões de leitura 109

Introdução

Como era o "Brasil" nos primeiros tempos da colonização portuguesa, no século XVI e início do XVII? Como viviam seus habitantes? Como se deu o encontro de culturas tão distintas como a dos nativos e a dos portugueses e quais os seus resultados? Como eram as relações entre europeus e índios?

Para ter uma idéia de tudo isso, os historiadores recorrem fundamentalmente aos relatos escritos, fontes extensas e variadas. Como os índios não tinham escrita, os relatos estudados são aqueles escritos pelos europeus que conheceram por algum tempo ou habitaram essas terras e se preocuparam em registrar suas impressões.

Essas fontes, é claro, sempre incluem uma comparação automática com a Europa ou outros lugares já visitados. Também fazem referência constante a histórias, relatos ou mitos conhecidos dos leitores da época como é o caso das lendas sobre o Paraíso Terrestre ou o Eldorado entre outras. Tais histórias contribuíam, muitas vezes, para constituir visões idealizadas sobre as novas terras: os portugueses finalmente teriam encontrado aqui um local de paz e maravilhas, sem pecado, semelhante ao lugar onde, conforme a Bíblia, viviam Adão e Eva? Ou, como afirmavam alguns, explorando um pouco mais certas terras exóticas, chegariam a um local incrivelmente luminoso, repleto de ouro e outras riquezas incríveis?

É interessante perceber a originalidade das visões desses homens que viviam num tempo em que as ciências modernas ainda estavam por nascer e a religião era uma forte referência a orientar explicações e interpretações. Por um lado, em todos os primeiros relatos sobre o Novo Mundo, transparece a crença na possibilidade da existência terrestre do Jardim do Éden, lugar de clima ameno sem extremos de frio e calor, sempre verde e florido, onde não faltavam frutas desconhecidas e deliciosas e todos sinais da criação divina.

Por outro lado, se as idéias sobre a Idade do Ouro e o Jardim do Éden impregnaram o pensamento de todos os viajantes na época dos descobrimentos, isso ocorreu com menos força entre os portugueses. Talvez seu contato já antigo com as paisagens exóticas da África e da Ásia tivesse temperado sua imaginação com maiores doses de realismo. Como constata o historiador Sérgio Buarque de Holanda, ao analisar o imaginário europeu acerca do Novo Mundo, o pragmatismo português, em que predomina a busca do útil e do economicamente aproveitável, nunca se derramou nas mesmas fantasias poéticas ou místicas dos espanhóis contemporâneos que se deparavam com os quadros americanos.

A reação dos primeiros descobridores do litoral brasileiro está bem caracterizada na tão conhecida carta de Pero Vaz de Caminha, na qual a constatação da beleza da terra vem somada ao elogio do seu potencial de fertilidade.

> Esta terra (...) de ponta a ponta é toda praia... muito chã e muito formosa. Pelo sertão nos pareceu, vista do mar, muito grande; porque a estender os olhos, não podíamos ver senão terra e arvoredos (...) Até agora, não pudemos saber se há ouro ou prata nela, ou outra coisa de metal, ou ferro; nem lha vimos. Contudo, a terra em si é de muitos bons ares frescos e temperados como os de Entre-Douro e Minho (...) as águas são muitas; infinitas. Em tal maneira graciosa que, querendo-a aproveitar, dar-se-á nela tudo; por causa das águas que tem!

Sabemos também por Caminha que os primeiros encontros entre nativos e portugueses vindos na frota de Cabral foram pacíficos e amistosos. Nas palavras do escrivão, ficou registrada a admiração dos europeus diante da aparência física bonita e saudável dos nativos — "pardos, um tanto avermelhados, de bons rostos e bons narizes, bem feitos"—, dos seus adereços e enfeites e da naturalidade com que andavam nus, "sem cobertura alguma", homens e mulheres:

> Nem fazem mais caso de encobrir ou deixar de encobrir suas vergonhas do que de mostrar a cara. Acerca disso, são de grande inocência. (...) ali andavam entre eles três ou quatro moças, bem novinhas e gentis, com cabelos muito pretos e compridos pelas costas, e suas vergonhas tão altas e tão cerradinhas e tão limpas das cabeleiras que, de a nós muito bem olharmos não nos envergonhamos.

Clima agradável, natureza exuberante, habitantes cordiais e inocentes — descrições paradisíacas.

Porém, outras preocupações pareciam ocupar com mais força o imaginário dos europeus, ou seja, o que as novas terras poderiam trazer-lhes em termos de riquezas materiais imediatas e poderio político. A motivação dominante a impulsionar a expansão marítima e a colonização do Novo Mundo não era contemplar ou aprender mais sobre terras e povos desconhecidos e sim deles extrair o máximo de vantagens e tesouros.

Em razão disso, foram empreendidos esforços para dominar a maior extensão possível do território e efetuar sua exploração econômica da maneira mais rentável possível do ponto de vista europeu, já que a colônia era tomada somente como uma extensão da metrópole, subordinada, portanto, aos interesses de Portugal.

Entretanto, para legitimar a colonização e a dominação de outros povos, a metrópole adotou o discurso religioso, ou seja, justificava seus procedimentos pela necessidade de catequizar os nativos, "conquistá-los espiritualmente", fazê-los conhecer "a verdadeira fé", o cristianismo. (É bom lembrar que, nessa época, os reinos ibéricos buscavam o apoio ideológico do papado para seus empreendimentos e que a religião era uma das bases das hierarquias sociais e do poder político na Europa.)

Assim, no Novo Mundo, duas motivações levavam adiante o projeto colonial: exploração e catequese. Estas nem sempre caminharam lado a lado, muitas vezes mostraram-se contraditórias. A intenção dos religiosos de fazer dos selvagens bons cristãos e manter a sociedade colonial longe dos pecados, vivendo sob princípios rigidamente católicos, chocava-se com os mecanismos adotados pelos colonos para garantir o domínio sobre as terras e o sucesso de sua exploração econômica, por exemplo, adotando a escravização dos índios. Tais contradições fizeram parte das relações sociais na colônia.

Se o Jardim do Éden imaginário dos europeus não se concretizou, alguns privilegiados construíram um "paraíso" bem concreto que lhes trouxe riqueza, poder e prestígio à custa de muitas vidas sacrificadas, de culturas exterminadas e da exploração predatória da natureza.

AS FONTES

As descrições do Brasil foram redigidas, nos séculos XVI e início do XVII, tanto por leigos — colonos e burocratas — como por religiosos. Os objetivos, os preconceitos, os medos e as expectativas de cada um marcaram os relatos assim como as vivências pessoais no contato com o Novo Mundo e sua gente. É importante saber que, com o tempo, muitas idéias européias iniciais foram abandonadas, em seu lugar, surgiram as que incorporavam a experiência do relacionamento com seus outros habitantes e das lutas pela ocupação da terra.

Entre os leigos, destacam-se os funcionários da coroa, como Pêro de Magalhães Gandavo, e colonos como Gabriel Soares de Sousa e Ambrósio Soares Brandão, propagandistas das belezas e riquezas do Brasil, do sucesso dos colonos e dos lucros que a terra propiciava à metrópole. Gandavo foi o primeiro a escrever e redigiu um pequeno livro de "propaganda" da colonização descrevendo a natureza e os potenciais econômicos do Brasil com vistas a incentivar a imigração. Soares de Sousa, senhor de engenho e de índios escravos, fez também descrições detalhadas da natureza e da sociedade colonial. Soares Brandão, judeu convertido e dono de engenho na Paraíba, dedicou-se mais a analisar os recursos do Brasil e as características da população "brasileira" que se formava.

Antes desses relatos (desde meados do século XVI, quando os jesuítas chegaram à colônia), já eram conhecidas na Europa e no resto do mundo as cartas dos missionários da Companhia de Jesus que descreviam o Brasil, a incipiente sociedade colonial, as dificuldades de um povoamento a ser feito por homens sós e, sobretudo, o problema do contato com os indígenas e sua escravização pelos colonos. Essa correspondência, destinada à transmissão de práticas e de edificação catequética e espiritual, está marcada pela visão e pelos objetivos religiosos de sua condição. Existem milhares de cartas de jesuítas espalhadas por arquivos de todo o mundo; as publicadas sobre o Brasil concentram-se no período de 1549 a 1570, fase crucial da instalação e consolidação da colônia e da catequese. Foram diversos jesuítas que relataram e refletiram sobre suas experiências. Os textos mais importantes são de José de Anchieta e Manoel da Nóbrega. Neles, encontramos o delineamento das esperanças, das frustrações e dos projetos da Companhia de Jesus para a catequese indígena e seus choques com os sonhos de enriquecimento e ascensão social rápidos dos colonos apoiados pela metrópole sedenta de riquezas coloniais.

Em fase posterior, mais para o final do século XVI, os jesuítas Fernão Cardim e Simão de Vasconcelos e o franciscano Frei Vicente do Salvador (início do século XVII, relata a conquista do Nordeste) conceberam obras mais gerais sobre a história do Brasil e da Companhia de Jesus, em que estendiam suas descrições e registravam os acontecimentos mais imediatos. Cardim, Salvador e Vasconcelos, escrevendo algum tempo depois das cartas jesuíticas, são menos envolvidos e apaixonados pelos acontecimentos. Ainda que utilizem os testemunhos frescos dos seus antecessores, acrescentam outros que tratam aspectos e fatos novos e tendem a interpretá-los com maior isenção. Se Cardim segue de perto as impressões de Gandavo e Soares de Sousa na descrição da natureza e dos índios, Vasconcelos tem mais preocupações literárias, místicas e filosóficas.

Além dos testemunhos portugueses ou brasileiros é preciso não esquecer os dos franceses André Thévet (franciscano e geógrafo, com trabalhos de 1558 e 1575), Jean de Léry (huguenote, autor de *Viagem à terra do Brasil*, publicado em 1578), cujas obras foram amplamente divulgadas em sucessivas edições na França e em outros países. Seus relatos referem-se à região do Rio de Janeiro. A descrição da flora, da fauna e dos costumes dos tupinambás feita por Jean de Léry exerceu grande influência em filósofos como Montaigne, Rousseau e outros que formularam as teorias do "bom selvagem" e dos efeitos corruptores da civilização. Sua obra é, provavelmente, o testemunho estrangeiro sobre o Brasil mais divulgado desde o século XVI. Sua visão da natureza e dos índios foi uma das primeiras a serem transmitidas aos europeus, formando a sua opinião sobre a América. Apesar de pastor protestante, Léry revela-se um observador simpático, compreensivo e caloroso da vida indígena. Thévet, contemporâneo de Léry, segue o mesmo esquema na descrição dos tamoios do Rio de Janeiro e, de certo modo, completa e confirma o testemunho do huguenote.

Outra fonte interessante são os relatos (editados em 1557) do mercenário e artilheiro alemão, Hans Staden, que foi prisioneiro dos tupinambás (perto de Santos) e sobreviveu.

A natureza

A extensão da costa, com a grande diversidade das paisagens, é a primeira imagem que se destaca, com a menção das léguas infindáveis de areias brancas, de florestas com árvores gigantescas, eternamente verdes, rios caudalosos e piscosos, ancoradouros favoráveis e terras próprias para o cultivo agrícola, a coleta e a caça. Na época, a Mata Atlântica ocupava quase a totalidade do litoral. A costa brasileira oferecia boas condições de povoamento e abrigava uma significativa população indígena.

CLIMA

As chuvas abundantes sustentavam as "fontes infinitas, cujas águas fazem crescer muitos e mui grandes rios" os quais, no dizer de Gandavo, corriam do longínquo interior para o litoral. O mesmo autor, comparando o Brasil com outras províncias da América, acentuava a falta de extremos como cordilheiras muito elevadas, desertos ou alagadiços intransponíveis e completava: "é esta Província sem contradição a melhor para a vida do homem que cada uma das outras da América, por ser comumente de bons ares e fertilíssima e em grande maneira deleitosa e aprazível à vista humana".

Os ventos que, vindos do mar, sopravam da tarde para a noite, refrescavam os ares, invertendo-se da madrugada para a manhã, quando sopravam da terra para o mar.

Durante os meses de verão, de setembro a fevereiro, predominavam os ventos de nordeste e lés-nordeste e nos de inverno, de março a agosto, de sul e sueste. O sistema de ventos e correntes marítimas facilitava ou dificultava a navegação nas direções norte-sul e vice-versa segundo a época do ano, o que explica a variação de tempo das viagens da Bahia a São Vicente que podia ser de um mês ou seis, conforme a estação.

De modo geral, o clima era considerado pelos europeus moderado e agradável e até mesmo temperado, na região de São Vicente, sendo muito favorável à saúde dos antigos e novos habitantes. Os cronistas ressaltavam a longevidade dos índios e a recuperação da saúde pelos enfermos recém-chegados.

A verdura perene, o clima ameno e a facilidade de obtenção do alimento acentuavam as semelhanças com o mitológico Jardim do Éden, tão sonhado por homens acostumados a fomes, privações, frios invernais e trabalho duro na Europa.

PLANTAS

Mandioca

Dentre as plantas alimentícias a que mais impressionou os europeus pela utilidade e por suas características curiosas foi a mandioca. Planta arbustiva, suas diversas variedades produziam raízes de tamanho e grossura variáveis, chegando até cinco ou seis palmos de comprimento e uns dois de circunferência.

Alimento vegetal básico dos índios, foi adotado pelos colonos e usado também para alimentar animais domésticos. O seu preparo, entretanto, exigia cuidados especiais, pois a mandioca só podia ser consumida depois de descascada, ralada e espremida, operações que retiravam o perigoso veneno de seu sumo. Esse veneno era utilizado pelos índios para matar seus desafetos; os animais domésticos morriam se tivessem contato com esse líquido.

A farinha era consumida sozinha ou com carne, caldos ou legumes, podendo ser transformada em pão, bolo e biscoito. Outra variedade de farinha, mais fina e delicada — a carimã — era obtida das raízes fermentadas. Seu mingau era bom para doentes e crianças.

Léry descreve pitorescamente o modo como a farinha seca era consumida pelos índios sem o uso de colheres ou garfos.

Os tupinambás, tanto os homens como as mulheres, acostumados desde a infância a comê-la seca em lugar do pão, tomam-na com os quatro dedos na vasilha de barro ou em qualquer outro recipiente e a atiram, mesmo de longe, com tal destreza na boca que não perdem um só farelo. E se nós franceses os quiséssemos imitar, não estando com eles acostumados, sujaríamos o rosto, ventas, bochechas e barbas.

Esse hábito prático e curioso foi incorporado pelos nossos caipiras e ainda é conhecido em muitos lugares do Brasil como "comer de arremesso".

Da mistura da mandioca ralada e espremida com alguns punhados de carimã e torrada em panelas fazia-se a "farinha de guerra" que os índios usavam em suas viagens e expedições guerreiras. Ela se tornou a principal provisão das bandeiras e foi usada pelos portugueses no campo, na cidade e nas longas viagens marítimas.

Outros alimentos nativos como o aipim, o milho, os feijões, as batatas e os carás completavam a dieta básica dos brasileiros.

Amendoins e pimentas

O primeiro impacto do amendoim era a estranheza da planta cujos frutos eram encontrados nas pontas das raízes dentro de cascas duras com três ou quatro grãos dentro.

Os grãos muito saborosos eram comidos depois de cozidos, assados com a casca ou torrados sem elas. As mulheres portuguesas em pouco tempo passaram a aproveitar o amendoim em doces ou confeitos que substituíam nozes e castanhas européias.

Com os índios, os colonos aprenderam a usar diversas qualidades de pimenta que misturavam com o sal nos legumes, nos pescados, nas carnes e nos caldos, dando início à tradição da culinária baiana.

Cajus, bananas e abacaxis

No capítulo da incontável variedade de frutas saborosas e estranhas — como a jabuticaba e a jaca –, destacam-se o caju, o ananás (ou abacaxi) e a banana.

O caju já era muito apreciado pelos índios, que até estabeleciam a própria idade relacionando-a com as épocas de sua floração ou colheita e logo tornou-se indispensável aos colonos. Muito fresca e digestiva essa fruta era recomendada no combate às febres, dando ainda bom hálito a quem o consumisse pela manhã.

Gabriel Soares de Souza, em suas minuciosas e até científicas descrições dos produtos brasileiros, comenta:

> Fazem-se estes cajus de conserva, que é muito suave; e para se comerem logo cozidos no açúcar, cobertos de canela não têm preço. Do sumo desta fruta faz o gentio vinho com que se embebeda, que é de bom cheiro e saboroso.

Aproveita-se também a deliciosa castanha, apesar das precauções necessárias para retirar a casca dura que queimava e empolava a pele.

As pacobas dos índios, que ficaram mais conhecidas pelo nome africano de bananas, encantavam o olhar europeu pela beleza plástica do cacho de frutos amarelos que pendia de uma árvore de folhas largas e verdes. Até hoje a banana, o coco, o abacaxi e o mamão são os símbolos universalmente mais conhecidos e divulgados do esplendor sensual dos trópicos.

Como alimento básico, a banana sempre complementou a dieta de colonos e escravos. Assada em lugar da maçã, era boa para doentes e, como guloseima, era transformada em marmelada, geléia ou seca ao sol.

Muitos localizaram no miolo da banana (escurecido parecendo uma cruz), "um sinal do favor divino". Gabriel Soares de Souza nos conta: "quem cortar atravessadas as pacobas ou bananas, ver-lhes-á no meio uma feição de crucifixo, sobre o que contemplativos têm muito a dizer".

No esforço de identificar todos os sinais da localização do Jardim do Éden, o padre Simão de Vasconcelos desenvolve exten-

A incontável variedade de frutas saborosas, a beleza perene, o clima ameno: algumas das características que acentuavam as semelhanças entre o Novo Mundo e o mitológico Jardim do Éden.

sa argumentação que envolve as qualidades do céu, do ar, do clima, dos animais e das plantas, que a seu ver comprovam o caráter maravilhoso da terra. Entre as plantas — afirma — a maior das maravilhas é "a que os portugueses chamam de erva da Paixão, os índios maracujá... a flor é o mistério único das flores. Tem o tamanho de uma grande rosa; e neste breve campo formou a natureza como um teatro dos mistérios da Redenção do mundo". Descrevendo as diversas partes da flor, demonstrava que ali se encontravam todos os símbolos da morte de Cristo e concluía: "a esta flor por isso chamam flor da Paixão, porque mostra aos homens os principais instrumentos dela, quais são coroa, coluna, açoites, cravos, chagas".

O rei das frutas era sem contestação de nenhum cronista o ananás, ou abacaxi. O sabor e perfume delicados e irresistíveis, contrastando com a aspereza da casca e da planta, não cansavam de maravilhar a todos. Assim como o caju, prestava-se à preparação de doces, vinhos e refrescos e à recuperação de doentes.

Somados aos mamões, laranjas, limões e a frutas menos conhecidas como o ombu, a colônia oferecia um grande número de alimentos ricos em vitaminas e sais minerais. Seu efeito curativo sobre doenças como beribéri e o escorbuto — decorrentes, como se sabe hoje, de dietas deficientes em vitaminas B e C —, que dizimavam os viajantes de longas travessias, tornavam-nas desejadas por todos que passavam pelos portos.

A ambivalência de plantas alimentícias como a mandioca, o caju, o ananás e outras em que uma aparência hostil ocultava sabor suavíssimo; em que um caldo venenoso antecedia uma farinha comestível e gostosa; e uma noz deliciosa apresentava casca que queimava e manchava a pele, criava uma impressão agridoce da nova terra. Era um mistério a ser decifrado, em que a aparência inocente ocultava perigo, violência, morte ou costumes bestiais — como acontecia com as plantas e os índios — ou o aspecto grosseiro e agressivo encobria as delícias do paraíso.

É de se lamentar que as primeiras tentativas literárias em poesia ou prosa sobre os sentimentos inspirados pela vida cotidiana na colônia tenham sido tardios e raros com algumas manifestações somente nos séculos XVII e XVIII.

A introspecção e a reflexão não atraíram homens empenhados em conquistar, enriquecer, reproduzir-se, enfim: sobreviver. Viver parecia mais interessante e absorvente do que pensar, escrever ou divagar.

O tabaco e o vício do fumo

Conhecido na época como perfume ou erva-santa, o tabaco usado pelos índios foi adotado pelos colonos e levado para a Europa. Era considerado remédio eficiente para a cura de feridas e bicheiras de homens e animais. Seu uso como fumo causava polêmica.

Gabriel Soares de Sousa assim descreve o estranho hábito:

> A folha desta erva, como é seca e curada, é muito estimada dos índios, mamelucos e dos portugueses, que bebem o fumo dela, ajuntando muitas folhas destas torcidas umas às outras, e metidas num canudo de folha de palma, e põe-se-lhe o fogo por uma banda, e como faz brasa metem este canudo pela outra banda na boca, e sorvem-lhe o fumo para dentro até que sai pelas ventas fora.

O vício de "beber fumo" propagou-se rapidamente entre os colonos e, chegando à Europa, foi objeto de condenação papal. No Brasil, o ato de fumar também parecia a muitos coisa diabólica a ponto de justificar certa vez a denúncia do infeliz donatário da capitania do Espírito Santo à Inquisição.

O mundo vegetal oferecia ainda muita coisa "mágica" como os cipós (que substituíam as cordas), ervas medicinais e venenosas e sobretudo árvores de todo tipo, tamanho e dureza, que foram empregadas em madeiramento de casas, maquinário de engenho, construção de barcos e navios. Grande admiração causava o tamanho e grossura de certas árvores que tinham troncos de trinta, quarenta e até cem palmos de largura, chegando a fornecer, individualmente, taboado suficiente para uma casa ou uma igreja.

Os prejuízos causados pelo corte desenfreado de madeiras nobres não passaram despercebidos e, já no século XVII, uma carta régia procurava regulamentar e preservar o seu uso.

No entanto, a carta foi desobedecida e grande parte das espécies descritas por escritores da época estão extintas.

ANIMAIS

A caça, alimento básico dos índios, foi também a fonte principal de proteína dos brancos, porque sua abundância supria a falta dos diversos tipos de gado cuja criação apenas começava a ser implantada. As capivaras, os porcos-do-mato, os veados, os tatus, as pacas, as cotias e as aves silvestres eram pratos muito apreciados. Da anta, o mais curioso e o maior dos mamíferos brasileiros — animal pacífico e tímido que se escondia na água quando perseguido — aproveitava-se, além da carne, a pele que, depois de seca e curtida, era utilizada para fazer couraças ou escudos contra flechas.

Para divertimento e regalo com sua beleza ou alegria existiam os papagaios, as araras e os macacos, que atraíam com suas imitações de gestos ou sons.

Ao contar sobre os animais estranhos aos europeus, os cronistas apelavam para referenciais conhecidos, fazendo muitas vezes descrições bastante curiosas:

> Há uns bichos nessa terra que também se comem e são tidos como a melhor caça que há no mato. Chamam-lhes tatus. Os tatus são do tamanho de coelhos e têm um casco como o da lagosta, mas repartido em muitas juntas como lâminas; parecem um cavalo armado, têm um rabo do mesmo casco comprido e o focinho como o de um leitão e não botam mais do que a cabeça para fora do casco, têm as pernas curtas e criam-se em covas, sua carne tem o sabor quase como o de galinha.

Peixes

O quadro da fartura se completava com os peixes de mar e de água doce que constituíam a base da alimentação de pobres e ricos. Os proprietários de engenho empregavam diversos índios na pesca. As tainhas, muito abundantes na Bahia, eram secas e salgadas para alimentação dos escravos do engenho e dos marinheiros.

Nas praias colhiam-se siris, mariscos e mexilhões, e nos mangues eram encontrados os caranguejos uçaí em tal quantidade que completavam a ração dos escravos, como lembra Sousa:

> E não há morador nas fazendas da Bahia que não mande cada dia um índio mariscar destes caranguejos: e de cada engenho vão quatro a cinco destes mariscadores com os quais dão de comer a toda gente de serviço: e não há índios destes que não tome cada dia trezentos e quatrocentos caranguejos que trazem vivos num cesto serrado feito de verga delgada, a que os índios chamam samburá; e recolhem em cada samburá destes um cento, pouco mais ou menos.

Onças, cobras e insetos

O "paraíso tropical" tinha, entretanto, seus perigos e desconfortos que aterrorizavam e infernizavam a vida dos moradores.

Em certas regiões, diversas espécies de onças negras, ruivas ou pintadas costumavam atacar índios e brancos pulando do alto das árvores, pelos caminhos, ou invadiam habitações caso não encontrassem o fogo pela frente.

A criação de gado pelos colonos proporcionou uma nova fonte de alimento para esses grandes e poderosos felinos que podiam matar uma vaca com uma só patada.

Curioso é o mito difundido na época (e aceito por muitos até hoje) de que as onças preferiam a carne dos negros à dos brancos e índios. É bem possível que isso fosse utilizado como argumento de dissuasão para os negros com intenção de fugir para as matas.

Para os portugueses recém-chegados, eram causa de grande terror as cobras de todos os tipos e tamanhos, que matavam de diversas formas. Impressionantes eram as sucuris, as boiúnas e jibóias que tinham de dois a quinze ou até trinta metros de comprimento. Elas matavam por esmagamento do esqueleto da caça, que depois era devorada inteira. Finda a deglutição, a cobra se ocultava ou se acomodava para um longo processo de digestão que poderia levar até semanas. Essas cobras engoliam desde ratos e pacas até porcos-do-mato, veados, cães, vacas e seres humanos. As histórias sobre resíduos de todo tipo encontrados nas vísceras de cobras mortas aumentavam o pavor que elas já inspiravam. O perigo evidentemente era exagerado, uma vez que raramente atacavam o homem. As mais perigosas e assustadoras eram as cobras venenosas como a jararaca, que atacava à beira dos caminhos ou de cima das árvores; a coral, que se escondia entre pedras e ramos secos; e a cascavel, com seus guizos sinistros. As suas picadas eram causa freqüente da morte dos povoadores, especialmente dos que andavam descalços no campo, como era o caso dos escravos.

Saúvas

Gabriel Soares de Sousa chama as saúvas de "a praga do Brasil", pois essas formigas, altamente organizadas e destrutivas, conseguiam dizimar em uma noite roças inteiras de milho, mandioca, cana ou árvores de frutas como laranjeiras, romeiras ou mesmo parreiras.

O seu número infindável, a capacidade de cortar folhas e transportá-las para seus extensos formigueiros, o gosto por plantas sem mato em volta, o seu alto nível de organização com espias e toda sorte de ardis para chegar ao alimento desanimavam os agricultores. Dois ou três ataques seguidos de saúva podiam destruir as plantas mais saudáveis. Sousa lembrava que o Brasil podia atrair muitos povoadores

> pois se dá nele tudo o que se pode desejar, o que esta maldição impede, de madeira que tira o gosto aos homens de plantarem senão aquilo sem o que não podem viver na terra.

O problema da saúva só podia ser enfrentado com a destruição manual dos formigueiros, o que era quase impraticável no sistema de lavoura extensiva da época. Esse problema se prolongou até meados do século XX, quando ficou famoso o *slogan* "ou o Brasil acaba com a saúva ou a saúva acaba com o Brasil". Somente com a elaboração do inseticida DDT conseguiram-se vitórias significativas sobre esse inimigo legendário dos agricultores.

Capivaras, porcos-do-mato, veados, tatus, antas, pacas, cotias e aves silvestres eram principalmente fonte de alimento para índios e brancos. Papagaios, araras e macacos traziam divertimento e regalo.

Outras formigas e cupins

Mais estranhas eram as formigas corredeiras ou de passagem que, em certas épocas de chuva intensa, punham-se a caminho aos milhões, ocupando uma extensa faixa de terreno, sem se deter diante de nenhum obstáculo. Não atacavam nem as plantas nem os animais maiores, apenas baratas, aranhas, ratos e até cobras que devoravam ou arrastavam consigo. À sua passagem todos fugiam apavorados, fossem cães, gatos, gado ou seres humanos.

Existiam ainda outros tipos de formigas grandes ou pequenas que invadiam as casas em busca de alimentos preparados ou de açúcar; ou ainda mordiam as pessoas, causando queimaduras muito dolorosas.

Grande prejuízo era causado pelos cupins que invadiam casas e atacavam móveis e madeiramentos atingidos através túneis de barro fino que recobriam seus caminhos e ninhos. Depois se instalavam no próprio madeiramento que apodrecia e se esfarelava se não defendido a tempo.

O bicho-de-pé

O inseto mais curioso, traiçoeiro e perigoso para a saúde era o bicho-de-pé (o tungaçu dos índios), muito temido pelos portugueses.

Desenvolvia-se nas casas térreas e quintais empoeirados e atacava as pessoas pouco dadas à limpeza. Os cronistas acentuam que os asseados e não-preguiçosos eram pouco prejudicados, porque o remédio era lavar e examinar os pés todas as tardes para retirar os minúsculos insetos pretos que entravam na pele, especialmente entre os dedos e embaixo das unhas. Ao penetrar na carne, provocavam uma ligeira dor ou uma comichão, tão suave que a vítima não se dava conta dela. Os bichos-de-pé deviam ser retirados antes que pusessem os ovos em ninhos semelhantes a pequenas bolsas, que também deviam ser retirados inteiros para impedir a reprodução. Se isso não fosse feito, essas bolsas cresciam sem parar, criando calombos dolorosos que infeccionavam e podiam até provocar a amputação do pé.

O banho diário aprendido com os índios (que proporcionava conforto contra o calor e impedia muitas doenças de pele), e o costume de lavar os pés e retirar os bichos defenderam os colonos dos efeitos mais graves do bicho-de-pé.

"PARAÍSO REAL"

Os relatos de cronistas que fizeram verdadeiras reportagens sobre o Brasil, como Pero de Magalhães Gandavo, Gabriel Soares de Sousa e Ambrósio Fernandes Brandão, nos contam que a terra produzia em abundância coisas maravilhosas que muito acrescentavam ao conforto e gozo dos diligentes.

Apesar de criticar o imediatismo, o comodismo e o desleixo dos colonos — aos quais chama de "enfermidade do Brasil" — Ambrósio Fernandes Brandão, depois de exaltar seus produtos maravilhosos, conclui que existe nas terras brasileiras um paraíso real, muito melhor que os "Campos Elíseos [referência mitológica a um lugar de delícias, frutas, flores e belas mulheres] tão celebrados dos poetas em seus fingimentos" e o paraíso dos maometanos onde corriam rios de mel e manteiga.

Por outro lado, essa terra exige uma observação constante, um estudo cuidadoso e a aplicação freqüente de medidas preventivas contra os inúmeros insetos tropicais. Estes competem com os homens nas colheitas e nos alimentos, destroem casas e roupas e podem provocar até a morte. Em suma, os perigos do Brasil não vinham tanto dos animais grandes, mas de pequenos ofídios e insetos quase invisíveis.

A terra brasileira fornecia uma riqueza de produtos úteis ao homem aos quais se somaram plantas européias, asiáticas e africanas que, na maioria das vezes, adaptaram-se muito bem. A grande fartura de alimentos propiciada pela coleta, caça, pesca e agricultura para os laboriosos e os organizados é ressaltada por Brandão, que defende a idéia de que o Brasil é um paraíso terrestre a ser criado pelo homem. Essa abundância — segundo ele —

beneficia também os preguiçosos e imprevidentes, poupados, embora experimentem carências ocasionais, das tragédias dos longos invernos europeus que exigem a acumulação e o armazenamento.

O clima quente, a fartura da natureza e a facilidade da obtenção do mínimo necessário aliados à herança cultural indígena (que não praticava armazenamento e acumulação) e aos valores do sistema escravista (que repudiava o trabalho como atividade indigna de homens livres) "geraram uma sociedade indolente e imprevidente". Esse traço cultural exasperava Brandão, que criticava a preguiça como o grande mal do Brasil, embora não mencionasse que isso se tratava, de fato, de privilégio apenas dos homens livres e ricos, donos de escravos índios e negros, e dos seus imitadores pobres, que, ao menos nisso, queriam ser seus iguais. O trabalho pesado era o fardo dos escravos e dos homens livres que tentavam melhorar sua sorte.

APRENDENDO com os índios

O sucesso da colonização portuguesa só foi possível com a consolidação do povoamento, garantido pela colaboração dos indígenas e o aprendizado de seus conhecimentos sobre a natureza. Num primeiro momento, os europeus tinham muitas deficiências diante do meio natural desconhecido, ao passo que os índios eram capazes de percorrer os caminhos, evitar animais perigosos, utilizar-se de frutas, plantas e raízes para sua alimentação, enfim, sabiam conviver com o ambiente a que estavam acostumados. Foi com os índios que os europeus aprenderam a caçar e pescar nas matas e rios brasileiros, a colher a mandioca (e livrar-se de seu veneno), a cultivar o milho, o fumo, a batata-doce, a alimentar-se com frutas e animais "exóticos", a lidar com os infernais insetos e com os caprichos do clima.

Muitos costumes indígenas foram incorporados, então, pelos colonos — agricultores, comerciantes, sertanistas, burocratas — que, algumas vezes, acharam por bem distanciar-se dos hábitos europeus inadequados à vida nas novas terras. Em alguns casos, adaptações foram feitas procurando harmonizar traços da cultura européia com elementos da indígena.

Com relação à postura diante da natureza, havia, entretanto, uma diferença básica entre europeus e índios. Enquanto estes concebiam o homem como parte praticamente indistinta da natureza, enxergando o universo como um todo, os europeus, apoiados ideologicamente na tradição bíblica, que atribuía ao homem direito de vida e morte sobre os animais e plantas, acreditavam no ser humano como o senhor absoluto da natureza, com direito e poder de usufruir de seus recursos sem preocupar-se com as conseqüências predatórias e destrutivas desse tipo de exploração do meio ambiente.

E, finalmente, os europeus utilizaram-se dos índios como instrumento de apropriação dos recursos naturais. Por ocasião dos primeiros contatos e no início da colonização, em troca de objetos de metal e ferramentas, os índios atuaram na extração do pau-brasil e outros produtos desejados pelos comerciantes europeus, colaboraram no assentamento de povoações, na formação de pequenas roças e de grandes plantações, forneceram alimentos, animais e peles aos navegantes, aventureiros, missionários e colonos.

Foi com o auxílio dos saberes indígenas — senso de orientação, conhecimentos geográficos, capacidades desenvolvidas para andar adequadamente na mata e navegar com segurança nos rios — que os portugueses puderam desbravar o litoral e os sertões. A habilidade e a força dos indígenas para a corrida, o salto, a caça, a pesca e a natação os tornava também muito úteis para os colonos. Revelaram-se grandes remadores e hábeis no manejo dos barcos a vela. Aprendiam ainda com facilidade ofícios como o de marceneiro, carpinteiro, oleiro, saleiro, carreiro e vaqueiro.

EM BUSCA do lucro

Nem toda a exuberância natural das terras recém-descobertas foi capaz de entusiasmar os portugueses ávidos de lucro rápido, à procura de mercadorias com as quais pudessem comercializar na

Europa. Somente o extrativismo de pau-brasil — do qual se obtinha um corante vermelho usado especialmente na tintura de tecidos — despertou neles um interesse maior. Os lusitanos, então, na volta para o velho continente, enchiam seus navios de pau-brasil, alguns outros produtos "exóticos" (como papagaios, macacos e peles) de menor valor e seres humanos escravizados. Essa última "alternativa econômica" encontrada pelos portugueses como uma das formas de tirar vantagem de sua descoberta ainda merece maiores estudos, no entanto, sabe-se que, a cada viagem, algumas dezenas de índios eram levados à força como escravos para serem vendidos nos mercados europeus. Esses cativos eram obtidos por meio de trocas com outros nativos ou de artimanhas como esperar que os índios embarcassem carregando as toras de pau-brasil para depois prendê-los e raptá-los.

Em geral, as décadas iniciais que se seguiram ao descobrimento constituíram um período de colaboração mútua entre portugueses e nativos. Os índios ofereciam o esforço de seu trabalho e entregavam voluntariamente produtos da terra em troca de manufaturados europeus que não produziam: facas, foices, navalhas, machados, cunhas de ferro, pinças, alfinetes, anzóis, tesouras, roupas, chapéus, espelhos etc. Objetos que para os europeus custavam pouco tinham grande valor para os indígenas. De fato, os artefatos de metal eram especialmente atraentes aos índios que rapidamente deram-se conta de suas vantagens sobre os congêneres de madeira ou osso em atividades cotidianas como abrir clareiras na mata, matar animais, destrinchar carne, pescar, cavar o solo, segar o milho, construir habitações e canoas, cortar o cabelo, depilar-se.

Embora os lusitanos nunca tivessem deixado de sonhar com a possibilidade de encontrar no Novo Mundo ouro, prata e pedras preciosas — se a Espanha conseguiu por que não Portugal? — o escambo com os nativos foi, por pelo menos trinta anos, a atividade econômica dominante e sistemática dos portugueses nas terras brasileiras. Logo, os franceses adotariam o mesmo esquema.

Então, eram pouquíssimos os europeus que aqui habitavam de fato e só sobreviviam graças ao apoio dos nativos aliados. Freqüentemente, o casamento com filhas e sobrinhas de *principais* das tribos da região selavam tais alianças. Nessa época, Portugal ainda não se preocupava com a questão do povoamento e apenas mantinha erguidas algumas feitorias ao longo da costa que facilitavam o comércio com os índios.

Entretanto, as incursões "ilegais" francesas no litoral brasileiro começaram a incomodar e ameaçar o domínio territorial português, já que a coroa portuguesa dizia ser a única dona dessas terras. Os franceses roubavam os navios portugueses ou estabeleciam relações amistosas de troca com os índios. Assim, eram capazes de competir com os lusitanos no comércio internacional do pau-brasil e comprometer os lucros portugueses.

Para garantir seu direito à posse das terras descobertas, contestada abertamente pela França, a coroa portuguesa resolveu, a partir de 1530, implantar no Brasil um tipo de ocupação mais duradoura. Dividiu o território em regiões chamadas capitanias, concedidas a investidores privados (membros da pequena nobreza lusitana), os donatários. Estes tinham o dever de colonizar (ocupar e explorar) e o direito de enriquecer com seu pedaço de terra exercendo poderes civis e criminais e cobrando taxas e impostos dos colonos.

Os donatários procuravam atrair sócios ricos para o empreendimento e pessoas dispostas a viver no Brasil. Não era fácil conseguir colonos. Portugal não era um país muito populoso e não havia muita pressão para a emigração; assim, não era possível escolher demais, e muitos condenados, prisioneiros políticos, criminosos e aventureiros foram aceitos nos navios que viajavam para o Brasil.

Alguns anos mais tarde, em 1549, a metrópole instituiu no Brasil um governo geral com a função de administrar e manter um controle maior, político e militar, sobre o domínio português.

Com o tempo, o pau-brasil começou a rarear e os nativos começaram a utilizar-se do ferro dos europeus para produzir armas. Mesmo obtendo sucesso em sua luta contra os franceses, finalmente expulsos em 1584 (voltando-se então para as possibilidades oferecidas pelo Canadá), os portugueses viram-se obrigados a reforçar seu domínio nas terras brasileiras favorecendo povoamentos permanentes e atividades produtivas.

COLONIZAÇÃO

Ao desembarcar, trazendo sementes, animais e ferramentas, os colonos formavam uma pequena vila e iniciavam roças e plantações. Quando possível, plantavam cana e construíam engenhos de açúcar. Os portugueses haviam chegado à conclusão de que seria um bom investimento produzir açúcar no Brasil para vendê-lo por um bom preço na Europa.

Com a instalação dos colonos e a produção colonial, começaram as hostilidades entre portugueses e índios do litoral que levariam à destruição das populações nativas da costa em pouco menos de um século.

Interessados nas manufaturas européias, os índios eram capazes de fornecer alimentos, mulheres e prisioneiros de guerra aos colonos e de colaborar vez ou outra na construção de suas vilas, fortalezas e engenhos. Quando achavam que já tinham bens e ferramentas o suficiente, paravam de trabalhar voluntariamente para os colonos. Quando não viam nenhuma vantagem em ter europeus invadindo seu território e instalando-se em suas terras, atacavam. A opção portuguesa pelo investimento na produção açucareira aumentou as dificuldades de relacionamento entre nativos e colonos.

As plantações ocupavam sem permissão territórios indígenas e exigiam, para dar lucro, um grande número de trabalhadores empenhados em tarefas pesadas e longas jornadas em péssimas condições de trabalho. Os portugueses eram poucos e não tinham interesse em trabalhar dessa forma, queriam uma vida melhor e não pior do que a que teriam na Europa. Os índios também não tinham nenhuma vontade de atuar permanentemente nessas atividades e sem pagamentos compensadores do seu ponto de vista. Então, para solucionar seu problema com a mão-de-obra de maneira extremamente rentável, os portugueses resolveram utilizar-se de escravos indígenas em suas plantações e engenhos. Começaram comprando e obrigando ao trabalho forçado índios aprisionados por tribos amigas. Com o sucesso e a expansão da economia açucareira, passaram a escravizar tanto índios rebeldes e hostis quanto aliados. O padre Simão de Vasconcelos comentou a mudança das relações entre portugueses e índios quando começou o povoamento, contrastando com o momento da descoberta:

> A raiz delas (as guerras) sabe-se que foi mais antiga desde os primeiros fundadores das capitanias quando tomavam posse delas por mandado dos reis de Portugal; porque foram notando os naturais da terra em nossos portugueses outra intenção mui diferente da com que aportaram a ela em Porto Seguro; então tratavam com eles como hóspedes, mostravam alegrar-se com sua presença, e enchiam-nos de favores e mimos; porém agora haviam-se como inimigos, pretendiam desterrá-los de suas pátrias, fazer-se senhores deles e ainda de suas liberdades.

Inúmeros conflitos e massacres indígenas resultaram da ambição escravista dos portugueses. As lavouras lusitanas avançavam à medida que as indígenas se deterioravam em algumas décadas. As riquezas naturais da faixa litorânea, que possibilitavam a sobrevivência e o desenvolvimento das populações indígenas, foram ocupadas pelos colonos que terminaram por expulsar ou aniquilar os nativos. Em grande desvantagem diante das armas lusitanas, submetidas, reduzidas ou dizimadas por doenças que antes desconheciam, as populações nativas perderam para os portugueses o controle do litoral, fugindo para o interior ou simplesmente sendo massacradas física e culturalmente. No final do século XVI, os índios já não eram mais "os senhores do litoral". Até o início do século XVII, a produção colonial era feita basicamente à custa dos índios escravizados.

Os Índios

Não é possível sabermos ao certo quantos nativos habitavam o litoral em 1500. Entretanto, de acordo com os cronistas da época, eram populações numericamente importantes que diminuíram drasticamente durante o primeiro século de contato com os europeus. As conseqüências das guerras, da escravidão e, sobretudo, das epidemias e da fome foram dramáticas para os índios. No final do século XVI, custava ao padre Anchieta acreditar que, em vinte anos, na Bahia, tanta gente tivesse sido "gastada": "porque nunca ninguém cuidou, que tanta gente se gastasse nunca, quanto mais em tão pouco tempo".

SEMELHANÇAS e diferenças culturais

Uma vez superada a primeira impressão de semelhança geral dos índios, causada, talvez, pela sua nudez, muitas diferenças culturais dos nativos tornavam-se visíveis aos olhos europeus. Desde suas primeiras viagens, estes constataram a existência de uma grande diversidade de *nações* e línguas entre os indígenas tanto do litoral quanto do sertão próximo. Perceberam que havia, entretanto, uma língua principal ou "geral", que era a base tupi, compreendida pela maioria dos índios, além de diversos traços culturais compartilhados.

Na época da chegada dos portugueses, as populações indígenas estabelecidas na costa atlântica dividiam-se em dois grandes grupos: os *tupis* (que ocupavam a faixa litorânea desde Iguape até a costa do Ceará, pelo menos) e os *guaranis* (antes chamados de *carijós*, que ocupavam a bacia Paraná-Paraguai e o litoral, desde a Lagoa dos Patos até Cananéia-SP). O território costeiro era praticamente todo dominado pelos índios *tupis-guaranis* (do rio Amazonas ao atual Rio Grande do Sul) a não ser em alguns pontos ocupados por nativos chamados pejorativamente de *tapuias*, que não falavam a "língua geral", como os goitacás, os charuas, os aimorés e os tremembés.

A língua principal ou "geral" tupi foi aprendida com relativa facilidade pelos portugueses e seus descendentes. Essa língua foi codificada em uma gramática pelos jesuítas e tornou-se o meio de comunicação mais usado entre índios das mais diversas culturas e mestiços, especialmente em São Paulo, onde chegou a ser mais falada que o português. Baseando-nos nos cronistas da época, as chamadas nações indígenas mais importantes de língua tupi distribuíam-se pelo território da seguinte maneira:

- Habitando grandes extensões litorâneas dos atuais estados do Maranhão, Rio Grande do Norte, Paraíba e Ceará, estavam os *potiguares*. (Controlavam a área do melhor pau-brasil da colônia. Grandes amigos dos franceses, opuseram tenaz resistência à ocupação portuguesa na região, que só começou na última década do século XVI.)
- Em direção ao sul, vivendo ao longo do rio Real até Ilhéus-BA, dominando o recôncavo baiano, estavam os *tupinambás*. (Constituíram-se no grupo mais mencionado pelos cronistas coloniais, que muitas vezes atribuíram os seus costumes a outras nações. Bastante hostis aos portugueses de início, esses índios foram depois apaziguados, mas voltaram a se revoltar com os maus-tratos sofridos. Foram finalmente dizimados.)
- Os *caetés* habitavam uma faixa próxima do rio São Francisco. (Uma parte deles foi contatada e aldeada por jesuítas enquanto a outra foi responsável pela captura, morte e devoração dos passageiros e tripulantes do navio que levava o bispo D. Pero Fernandes Sardinha em 1556. Isto foi

Nações tupis-guaranis da costa (início do século XVI)

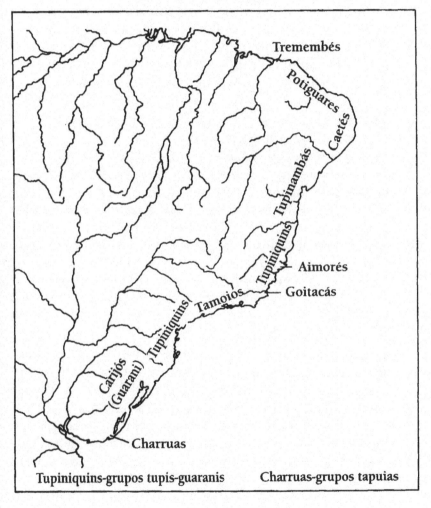

Tupiniquins-grupos tupis-guaranis   Charruas-grupos tapuias

usado como pretexto pelos colonos para, por meio da guerra, acabar com os caetés inimigos e escravizar os pacíficos, apesar dos protestos dos jesuítas.)

- De Ilhéus e Porto Seguro até o atual Espírito Santo espalhavam-se os *tupiniquins*, que também ocupavam uma região de Cananéia a Bertioga, incluindo o planalto paulista. (Os tupiniquins eram inimigos dos tupinambás e, de início, tiveram boas relações com os portugueses. Diante das violências sofridas, entretanto, rebelaram-se, mas foram vencidos e passaram a aceitar os aldeamentos, a catequese e o trabalho para os colonos. Sua extinção progressiva, já nos fins do século XVI, abriu caminho à entrada na região dos aimorés, goitacazes ou botocudos que resistiram com bastante sucesso à conquista até o século XIX.)
- Na região da baía de Guanabara, vivia a pequena nação dos *temiminós*. (Tangidos pelos seus inimigos tamoios, aliaram-se aos portugueses em luta contra os franceses (1555-1565). Depois da guerra, seu chefe Araribóia obteve para sua tribo uma sesmaria onde hoje fica Niterói. Apesar de aliados militares dos portugueses, suas terras foram sendo progressivamente tomadas pelos colonos e os últimos remanescentes viviam em grande miséria no século XIX.)
- Os *tamoios* ocupavam a região do Rio de Janeiro até Ubatuba, no norte do estado de São Paulo, incluindo o vale do Paraíba. (Chamados por alguns também de tupinambás, os tamoios eram grandes guerreiros, e, sob a liderança de Cunhambebe, formaram uma confederação de tribos que, aliadas aos franceses durante dez anos (1555-1565) ameaçaram o povoamento português nas capitanias do sul. Só foram derrotados após diversas ações militares dos governadores-gerais, com reforços do Espírito Santo e São Vicente, e alianças com índios temiminós. Após a derrota, os que restaram fugiram para a Serra do Mar ou ainda mais longe.)
- Finalmente, de São Vicente para o sul viviam os *carijós* (ou *guaranis*) que se espalhavam até o Paraguai. Apesar de terem resistido à conquista portuguesa com guerras e ataques em que morreram até missionários jesuítas, foram

muito elogiados por estes porque não comiam carne humana, não eram obcecados pela guerra e já estavam sedentarizados. A catequese dos carijós foi o grande sonho não realizado do padre Manoel da Nóbrega que, durante vinte anos, tentou convencer seus superiores e as autoridades portuguesas das grandes vantagens que se poderiam tirar dessa empreitada. Os superiores da Companhia de Jesus não deram essa permissão porque, sendo o número dos padres pequeno para a gigantesca missão da catequese e assistência espiritual dos colonos do extenso litoral brasileiro, optaram por concentrar aí seus esforços. As autoridades metropolitanas, sabendo que se tratava de território castelhano, preferiram proibir a penetração dos jesuítas portugueses, que só viria a ser feita a partir de 1610 mas pelos catequistas espanhóis. Em partes do território brasileiro, argentino e paraguaio surgiu um grande número de aldeamentos ou missões jesuíticas onde, até 1767, tentou-se a catequese dos guaranis com a menor interferência possível dos colonos europeus.)

Fernão Cardim registrou a existência de 76 nações indígenas com línguas e costumes diversos. Observou que enquanto algumas construíam algum tipo de casa e usavam arco e flecha, outras só usavam cavernas ou abrigos muito precários de folhagem tendo como arma apenas o tacape. (A maior parte dos *tapuias,* por exemplo, não utilizava arco e flecha como arma e não praticava a agricultura.) Com algumas exceções, a maioria das *nações tapuias* não praticava a antropofagia, embora fosse muito belicosa, com táticas de luta e emboscada muito eficientes e difíceis de serem enfrentadas pelos europeus. Algumas tribos ou indivíduos puderam ser convertidos e integrados a aldeias sob o controle dos jesuítas, outras foram consideradas de difícil conversão devido ao seu nomadismo convicto e suas *línguas arrevezadas.*

A classificação das *nações* indígenas e sua distribuição pelo território refletem muito a óptica dos cronistas da época e podem não representar exatamente a maneira como os índios percebiam suas unidades e subdivisões sociais, suas alianças e inimizades.

Na verdade, os europeus pareciam estar mais preocupados em saber com quais grupos podiam ou não contar para alcançar seus objetivos, fossem eles a catequese, a obtenção de produtos, o trabalho ou a guerra contra inimigos do novo ou do velho mundo. Assim, classificavam-nos como simples e sociáveis ou hostis, indóceis e bestiais.

Franceses e portugueses disputavam aliados nativos por conta de interesses comerciais e geopolíticos. E os índios? Por que se aliavam ou com portugueses ou com franceses, mas preferencialmente com estes últimos? A explicação é simples. Os índios, já divididos entre si por guerras antigas quando estabeleceram os primeiros contatos com portugueses e franceses, fizeram suas opções e alianças conforme o tratamento recebido e as vantagens que poderiam tirar com tais parcerias na luta contra seus próprios inimigos. Os franceses, que só pretendiam, de início, o pau-brasil, não escravizavam os índios e "pagavam" bem a madeira colhida com ferramentas e armas de ferro. O escambo praticado pelos franceses não provocava o choque com os índios, ao contrário dos portugueses que, devido ao caráter definido para a produção do açúcar, tentavam apropriar-se da força de trabalho indígena.

Os freqüentes conflitos entre grupos indígenas eram vantajosos para os portugueses escravistas que tanto podiam comprar prisioneiros resultantes dessas guerras quanto obter escravos acompanhando as tribos aliadas em suas incursões bélicas. As inimizades que dividiam *tribos* e *nações* eram aproveitadas e mesmo incentivadas pelos portugueses com o objetivo de melhor dominar os indígenas como um todo. Essas desavenças prejudicaram muito os nativos que procuraram resistir aos europeus e, muitas vezes, foram fundamentais para o fracasso de sua revolta.

BENS MATERIAIS e trabalho

Os índios viviam em aldeias, praticando a agricultura, a caça, a pesca e a coleta (antes da chegada dos europeus, os índios desconheciam o gado bovino e o cavalar). Essas aldeias podiam mudar

As armas e os enfeites eram as propriedades pessoais do índio. Tudo mais era partilhado.

de lugar depois de alguns anos à medida que as comunidades necessitavam deslocar-se à procura de locais mais apropriados ao exercício das atividades que lhes garantiam a sobrevivência, áreas de solo mais rico ou regiões de maior abundância de caça, peixes ou frutas de acordo com as estações. Assim, as populações indígenas tinham grande mobilidade e poucos bens, que deviam ser transportados de um lugar a outro.

Os tupis-guaranis cultivavam basicamente a mandioca, mas também podiam plantar milho (também usado na fabricação de bebidas fermentadas), feijão, batata-doce. Alguns plantavam cará, abacaxi, abóbora, além de algodão e tabaco. Consumiam praticamente tudo que produziam e nunca formavam grandes estoques. O objetivo de seu trabalho não era a acumulação de bens.

O índio só tinha a propriedade pessoal de suas armas e enfeites e partilhava todo o resto, principalmente os produtos da caça, pesca e coleta. Entre os índios, dentro de cada aldeia, o acesso aos recursos naturais era livre. A inexistência de bens privados entre os nativos e a harmonia reinante no interior de cada aldeia impressionou muito os viajantes. Américo Vespúcio escreveu:

> Em cada casa destas [as malocas] vivem todos muito conformes, sem haver nunca entre eles nenhumas diferenças: antes são tão amigos uns dos outros, que o que é de um é de todos, e sempre e qualquer coisa que coma, por pequena que seja, todos os circunstantes hão de participar dela.

Essa generosidade, segundo Léry, abrangia todos que estivessem sob o mesmo teto, incluindo os inimigos. Esse cronista observou que os índios preferiam as pessoas alegres, falantes e generosas e detestavam as tristes, de pouca conversa e as avarentas. Léry admirou também o desprendimento dos bens materiais que caracterizava os índios e, a propósito, narrou uma conversa que teve com um velho tupinambá a respeito dos motivos que moviam os europeus na busca do pau-brasil. Depois de explicar que a madeira era utilizada para fazer tinta e não para lenha, Léry observou que

Cabia aos homens, além de caçar, pescar, cortar lenha e combater, a construção de canoas e cabaças e o preparo do terreno para o plantio da lavoura. Desenho de Hans Staden.

o velho retrucou imediatamente: e porventura precisais de muito?

— Sim — respondi-lhe — pois no nosso país existem negociantes que possuem mais panos, facas, tesouras, espelhos e outras mercadorias do que podeis imaginar e um só deles compra todo o pau-brasil com que muitos navios voltam carregados.

— Ah! — retrucou o selvagem — tu nos contas maravilhas — acrescentando depois de bem compreender o que eu lhe dissera — mas esse homem tão rico de que me falas não morre?

— Sim — disse eu — morre como os outros.

Os selvagens são grandes discursadores e costumam levar qualquer assunto até o fim, por isso perguntou-me de novo: — E quando morrem para quem fica o que deixam?

— Para seus filhos se os tem — respondi —, na falta deles para os irmãos ou parentes mais próximos.

— Na verdade — continuou o velho, que, como vereis, não era nenhum tolo —, agora vejo que vós outros *mairs* [nome indígena dos franceses pelos tupinambás] sois grandes loucos, pois atravessais o mar e sofreis grandes incômodos, como dizeis quando aqui chegais, e trabalhais tanto para amontoar riquezas para vossos filhos ou para aqueles que vos sobrevivem. Não será a terra que vos nutriu suficiente para alimentá-los também? Temos pais, mães e filhos a quem amamos; mas estamos certos de que depois da nossa morte a terra que nos nutriu também os nutrirá, por isso descansamos sem maiores cuidados.

Comparando os europeus e "os selvagens", Léry afirma que estes dão "mais importância à natureza e à fertilidade da terra do que nós ao poder e à providência divina e detestam os piratas dos quais havia tantos na Europa e nenhum entre eles".

A divisão das tarefas na sociedade indígena determinava que além de caçar, pescar, cortar lenha e combater, os homens construíssem canoas e cabanas e limpassem o terreno para o plantio da lavoura. As mulheres plantavam, colhiam, preparavam o alimento, fiavam, teciam, faziam cestos e potes de barro e coletavam frutos, raízes e insetos comestíveis, cuidavam da casa e das crianças. Como o seu trabalho era diário e constante e o dos homens, ainda que pesado, era mais espaçado, a primeira impressão dos europeus era de que os homens eram mais indolentes. No entanto, eles eram capazes de grandes esforços físicos como viajar centenas de quilômetros, correr dias inteiros, remar por grandes distâncias, carregando grandes pesos desde que todas essas atividades tivessem um propósito útil aos seus olhos. Apenas faziam questão de trabalhar *quando* e *como* quisessem, sem supervisão e cobranças. Aliás a expressão "não tenho vontade", com a qual se recusavam a fazer alguma coisa que lhe fosse pedida, era definitiva — e não se deixavam demover. Este era um traço cultural exasperante para colonos e jesuítas, pois dificultava o aprendizado de qualquer ofício além de sabotar a disciplina do trabalho cotidiano. De acordo com as necessidades, os índios eram capazes de confeccionar cestos, redes, armas, enfeites, canoas, cabanas e ferramentas simples. As crianças participavam das atividades produtivas conforme sua capacidade física e aprendiam suas tarefas observando os adultos.

É interessante ressaltar que, apesar das descrições bastante depreciativas dos índios — chamados de *selvagens, bestiais, ignorantes* — nenhum dos cronistas dos séculos XVI e XVII consideram-nos indolentes ou preguiçosos. Essa imagem foi elaborada no século XIX, quando se quis explicar as razões de empregar o negro no trabalho escravo. A qualidade de trabalhador obediente e submisso atribuída ao negro foi contraposta à preguiça, incapacidade e rebeldia do índio. Nessa época, só restavam poucos índios nas proximidades do litoral, vivendo em aldeias miseráveis, onde era impossível produzir o suficiente para o mercado, com sua cultura tradicional quase toda perdida. Freqüentemente embriagados e sujos, causavam a pior das impressões. O temor que inspiravam foi substituído por desprezo, não ofereciam perigo. Os *brancos* avançaram sobre suas terras, justificando as investidas com o fato de elas não serem devidamente (segundo padrões europeus) utilizadas.

Na segunda metade do século XIX, estruturou-se uma nova ciência, a antropologia, que se propunha a estudar os povos ditos primitivos. Entre os inúmeros cientistas estrangeiros que visitaram o Brasil nessa época, vieram antropólogos, como o alemão Karl von Steinen que, ao iniciar o estudo científico das culturas indígenas brasileiras, começou a mudar sua imagem, valorizando-as como grande herança cultural da humanidade. (Infelizmente, o conhecimento mais profundo da cultura indígena alcançado pela antropologia não chegou à maioria dos brasileiros, que continuam a aceitar a idéia de que os índios são vagabundos que deixam milhões de quilômetros quadrados de terras sem utilidade. Essa idéia serve bem a certos interesses que querem ver abertas as reservas indígenas à exploração de grandes fazendeiros e mineradores aos quais pouco importa a manutenção dos campos e florestas, preservados pela relação de respeito que a cultura indígena tradicional procura manter com a natureza.)

Geralmente, uma aldeia consistia de quatro ou mais casas compridas, de teto abaulado feito de sapé, construídas uma ao lado da outra ao redor de uma praça, onde ocorriam as reuniões e as festas. A aldeia era cercada por um fosso ou uma paliçada. Dentro de cada uma dessas cabanas, as *malocas*, viviam coletivamente várias famílias. No dia-a-dia, cada família (pai, mãe e filhos) era auto-suficiente; na produção e reprodução das condições gerais de existência, o indivíduo dependia da comunidade aldeã.

COSTUMES

Como foi dito, uma das primeiras coisas que chamava a atenção dos europeus era a nudez dos índios. Oriundos de uma cultura na qual o uso de roupas pesadas que recobriam todo o corpo era a regra social e moral e o pudor era imprescindível, a nudez dos índios foi uma surpresa agradável para uns e chocante para outros. Segundo o Gênesis bíblico — referência fundamental da cultura européia —, o primeiro efeito do pecado de Adão e Eva foi a vergonha da própria nudez e isto deu início ao hábito de os seres humanos cobrirem o corpo. O encontro de homens que andavam sem a mais leve noção de culpa, e mantinham costumes sexuais mais liberais que os dos europeus convenceu muitos destes de que se encontravam perante uma parcela da humanidade que não teria caído em pecado. Daí a racionalização posterior de que ao sul do Equador não existia pecado e que tudo era lícito tanto do ponto de vista sexual assim como as mais sanguinárias violências.

As mulheres, sempre em companhia das crianças, plantavam, colhiam, preparavam o alimento, fiavam, teciam, faziam cestos e potes e muitas atividades que as mantinham sempre ocupadas. Desenho de Hans Staden.

A nudez revelava a perfeição física generalizada entre os índios, e entre eles não se viam aleijados, pois eram enterrados vivos ao nascer.

A imagem mais antiga do indígena conhecida na Europa é a de Jean de Léry, tão bem descrita que podemos visualizá-la de imediato:

> Se quiserdes agora figurar um índio, bastará imaginardes um homem nu, bem conformado e proporcionado de membros, inteiramente depilado, de cabelos tosquiados como já expliquei, com lábios e faces fendidos e enfeitados de ossos e pedras verdes, com orelhas perfuradas e igualmente adornadas, de corpo pintado, coxas e pernas riscadas de preto com o suco de jenipapo, e com colares de fragmentos de conchas penduradas ao pescoço. Colocai-lhe na mão seu arco e suas flechas e o veres retratado bem garboso ao vosso lado.

Outras vezes, os índios untavam o corpo ou partes dele com resinas e aplicavam penas verdes, amarelas ou vermelhas, com guizos de sementes nos pés.

Souza fala do costume de cortar os cabelos na testa e nas orelhas, deixando-os mais longos atrás. Outros arrepiavam o cabelo para cima com resina, pregavam peninhas amarelas e contas brancas. Como enfeite usavam, por vezes, saiotes de penas de ema, cocares de penas coloridas muito bem-feitos e colares de dentes de inimigos.

As mulheres não furavam os lábios, usavam sim braceletes e colares de contas de búzios ou de osso e pintavam o rosto com os mais variados desenhos. De maneira geral, seus enfeites eram bem mais discretos que os dos homens. Depilavam as sobrancelhas e o corpo e usavam cabelos longos, pelos quais tinham grande apreço.

Banhos

Um dos costumes nativos que mais surpreenderam os europeus foi o de tomar banho todos os dias, e em alguns mais de uma vez, pois na Europa não havia esse costume. Ao contrário, lá acreditava-se que "muito banho" fazia mal à saúde.

Quando eram obrigados pelos brancos a usar roupas, muitos índios aí sim ficavam doentes; banhavam-se vestidos e demoravam a secar ou usavam panos não tão limpos nos quais proliferavam bactérias e fungos. Os índios resistiam em usar roupas alegando que atrapalhavam a realização de suas atividades.

Bebedeiras

As bebedeiras rituais periódicas dos índios, que duravam vários dias durante os quais só bebiam, sem se alimentar, levavam-nos a um frenesi. Nessas ocasiões, agrediam-se mutuamente, resolvendo velhos agravos e, por vezes, chegavam a provocar até o incêndio da aldeia. O hábito de beber, a poligamia e a liberdade sexual das moças não eram censurados pelos colonos que os encorajavam e os adotavam. Os jesuítas, entretanto, percebendo a impossibilidade de converter e aculturar os índios sem o abandono ou controle desses hábitos, puseram-se a combatê-los incansavelmente pela catequese, chegando a apelar para o apoio da força militar dos administradores coloniais.

FAMÍLIA

A célula básica da aldeia era a família nuclear, que vivia em um espaço determinado juntamente com agregados eventuais (prisioneiros ou parentes). A maioria dos homens tinha apenas uma esposa, mas alguns, como os *principais* (chefes) e certos guerreiros e caçadores destacados, podiam desposar mais de uma mulher. Quanto mais esposas, mais vantagens para o homem que se beneficiava do trabalho delas. Cada esposa ocupava um espaço específico na cabana e tinha sua própria horta para cuidar. Sobre a pluraridade de esposas e seus filhos, conta Thevet:

> há sempre uma entre elas que goza de maior consideração e respeito por parte do marido, não estando sujeita a tantos trabalhos como as outras. Entretanto, todas as crianças que nascem de qualquer uma das esposas são consideradas legítimas, já que para os selvagens o principal autor da geração é o pai, e não a mãe.

Hierarquicamente, as mulheres eram inferiores aos homens e tinham de se submeter às vontades dos *principais* e dos mais velhos (pai, tio, marido). Quando necessário, eram dadas em casamento para o fortalecimento de alianças políticas. Segundo Thévet:

> Cede-se ao visitante uma jovem da tribo, para servi-lo durante o tempo em que ali permanecer, ou enquanto assim o preferir. Ele tem a liberdade de devolvê-la também quando bem o desejar, e é assim que se procede habitualmente. Logo que o visitante chega à aldeia, fazem-lhe esta pergunta: "Ei! O que me darias para que eu te ceda minha filha? Ela é bonita e trabalha bem. Fará tua farinha e cuidará de tudo que precisares."
>
> Com o fito de evitar esses abusos, logo ao chegarmos, fomos proibidos pelo Senhor de Villegagnon, sob pena de morte, de nos amancebarmos com as nativas, coisa que, além do mais, é vedada a qualquer cristão.

Algumas nativas ofereciam favores sexuais aos portugueses em troca de produtos e enfeites.

Antes do casamento, diferentemente do pregado pela moral cristã, as índias tinham liberdade sexual e não precisavam preocupar-se em manter a virgindade, que não era um valor entre os nativos. Thévet registrou ser muito raro que, entre os nativos, uma jovem se casasse virgem. Após o casamento, entretanto, esperava-se que se mantivessem fiéis aos maridos.

Casar-se, conforme Léry, era simples: desejando unir-se a uma mulher, solteira ou viúva, um varão perguntava-lhe sobre sua vontade, se ela aceitasse, depois de obtida a permissão do pai ou do parente mais próximo, já eram considerados casados por todos, sem cerimônias ou promessas de união perpétua.

Espantava os europeus que o divórcio entre os índios pudesse acontecer simplesmente se um dos cônjuges assim decidisse. Relações sexuais entre parentes (irmãos, sobrinhos e tios) também não era considerado um delito muito grave. A homossexualidade masculina também era relativamente aceita. Muitos cronistas europeus, comparando a realidade dos costumes indígenas com suas verdades cristãs, acusaram os nativos de serem bárbaros e luxuriosos.

Todas as mulheres de uma aldeia tupinambá, por exemplo, acompanhavam um trabalho de parto que, em casos difíceis, também contaria com a participação do pai. Os recém-nascidos eram lavados e tinham seu nariz comprimido, depois eram untados com óleo e pintados. Depois de parir, a esposa descansava por dois ou três dias após os quais levantava-se para trabalhar. O pai permanecia na rede descansando, como se tivesse sido ele a parturiente, a fim de evitar os maus espíritos sobre si e a mulher e a morte do bebê.

Os filhos eram amamentados por mais de um ano pelo menos. As mães não deixavam seus bebês nem mesmo quando iam trabalhar na roça.

Para educar as crianças, os adultos preferiam utilizar-se do exemplo a empregar castigos físicos. Se viam seus filhos sendo castigados fisicamente por algum branco, zangavam-se e imediatamente procuravam levá-lo embora. O mesmo costume de respeitar a vontade do indivíduo para trabalhar estendia-se às crianças, e qualquer tentativa dos jesuítas de mudá-lo por meio de repreensões severas, gritos ou pancadas resultava na imediata reação dos pais indignados.

O total respeito por parte dos índios à vontade do indivíduo contra qualquer necessidade ou pressão da sociedade, com exceção de uma persuasão gentil, foi também interpretado pelos europeus como prova de sua animalidade, porque a submissão à autoridade paterna, do Estado e da Igreja eram consideradas como a característica fundamental da civilização.

SEM FÉ, nem lei, nem rei

Cada maloca era comandada por um chefe, *principal*, assim como a própria tribo. Havia várias formas de se conquistar a chefia: por demonstração de bravura em combate e capacidade de liderar guerreiros, pelo número de cativos que possui, pela prosperidade decorrente do trabalho de várias esposas, da capacidade de atrair para seu círculo um grande número de filhos homens e parentes, por talentos de oratória ou magia. Entretanto, a autoridade do *principal* da aldeia era muito limitada e não havia grandes diferenças hierárquicas entre eles e os chefes das malocas. Se, por um lado eram mais providos pelo fato de terem mais mulheres, eram, por outro, os que tinham a obrigação de presentear os visitantes e ceder aos aliados filhos para lutarem a seu lado e filhas para lhes servirem de esposas.

As decisões da tribo eram tomadas por um conselho dos mais velhos, formado pelos homens com mais de quarenta anos, que se reunia com freqüência.

Na sociedade indígena daquela época, como nos dias de hoje, as decisões eram tomadas por consenso após um longo processo de convencimento pelos *principais* que passavam horas discursando, explicando, persuadindo, até conquistar o apoio do conselho de anciãos e do pajé. A capacidade para argumentar e o talento para convencer eram qualidades muito apreciadas entre os nativos. Dessa forma, não se pode dizer que os índios tivessem leis, escritas ou não, ditadas por uma autoridade superior e que devessem ser obedecidas por todos. Não havia formas de coagir as vontades a não ser pela coesão grupal, uma vez tomadas, todos, então, eram obrigados a acatar as decisões. As mulheres e os jovens não falavam nessas reuniões e não tinham poder político. Thévet descreveu uma dessas reuniões:

> Antes de empreender alguma grande empresa, seja de guerra ou outra qualquer, os silvícolas primeiramente reúnem-se em assembléias conduzidas pelos anciãos (...) Nelas, os índios procedem com urbanidade e discrição. Sucedem-se os oradores um após os outros: todos são atentamente escutados.

A constatação da inexistência de reis ou príncipes ou mesmo chefes com autoridade forte sobre os índios espantou os europeus. Estes viram que os indígenas também não possuíam um sistema religioso organizado, com deuses, ídolos e qualquer espécie de sacerdotes; tinham apenas a crença nos espíritos dos mortos e entidades maléficas como Anhangá e Curupira e na força da magia.

Partindo disso, os primeiros jesuítas fizeram a afirmação, depois repetida por Gandavo, Sousa, Brandão e outros, de que assim como na língua tupi não existiam os sons de F, L, R, os índios não tinham fé, lei ou rei.

Gandavo escreveu que, sendo assim, viviam "sem justiça e desordenadamente e obedecem ao principal por vontade e não por força". Gabriel Soares de Sousa afirmou que os nativos não conheciam a verdade (cristã) e que eram "mais bárbaros que quantas criaturas que Deus criou" e não obstante sua grande capacidade oratória, na sua língua faltavam três letras — F, L e R — e interpretou:

> porque, se não têm F é porque não têm fé em nenhuma coisa que adorem nem os nascidos entre cristãos e doutrinados pelos padres da Companhia têm fé em Deus Nosso Senhor, nem têm verdade, nem lealdade a nenhuma pessoa que lhes faça bem. E se não têm L na sua pronunciação é porque não têm lei alguma que guardar, nem preceitos para se governarem, e cada um faz lei a seu modo, e ao som da sua vontade; sem haver entre eles leis com que se governem, nem têm leis uns com os outros. E se não têm esta letra R na sua pronunciação, é porque não têm rei que os governem, e a quem obedeçam; nem obedecem a ninguém, nem ao pai o filho, nem o filho ao pai, e cada um vive ao som de sua vontade...

Para europeus da Renascença, oriundos de Estados já organizados com leis gerais codificadas, a falta de um código e de uma autoridade suprema para impor essas leis parecia a prova concreta de que se tratava de gente incapaz para a vida civilizada e definida com noções de pecado e salvação como era a cristã. Em 1554, em tom de lamento e advertência, Anchieta observava que os índios entre os quais vivia:

> não são sujeitos a nenhum rei ou capitão, só têm em alguma conta os que alguma façanha fizeram, digna do homem valente, e por isso, comumente recalcitram, porque não há quem os obrigue a obedecer; os filhos dão obediência aos pais quando lhes parece; (...) cada um é rei em sua casa e vive como quer; pelo que nenhum ou certamente muito pouco fruto pode se colher deles, se a força e o auxílio do braço secular não acudirem para domá-los e submetê-los ao jugo da obediência.

Enquanto a maioria dos cronistas interpretava a falta de chefes e regras rigorosas como prova de barbárie, Léry apontava com muita propriedade o outro lado da questão quando dizia:

> É coisa quase incrível e de envergadura os que consideram as leis divinas e humanas como simples meios de satisfazer sua índole corrupta, que os selvagens, guiados apenas pelo seu natural, vivem com tanta paz e sossego.

Entre os índios, não existia a propriedade privada da terra. Também não havia chefes fortes, acumulação de bens ou desigualdade de classes. Sobre isso, Gandavo escreveu:

> não possuem nenhuma fazenda, nem procuram adquiri-la com outros homens, e assim vivem livres de toda cobiça e desejo desordenado de riquezas (...) todos andam nus e descalços (...) as camas em que dormem são umas redes (...) [não têm] tão pouco estados nem opiniões de honra, nem pompas para que as hajam mister: porque todos, como digo, são iguais e em tudo tão conformes nas condições que ainda nesta parte vivem justamente, e conforme à lei da natureza.

Entretanto, a idéia da ausência de fé, lei ou rei deve ser relativizada. Como foi dito, se não havia entre eles reis ou autoridades baseadas em grandes riquezas materiais, havia os ditos *principais* sendo alguns deles respeitados por um grande número de aldeias. Chefes e pajés, embora não tivessem uma vida material muito melhor que os outros, eram geralmente os mais ouvidos e tinham mais prestígio. É certo que não tinham leis codificadas, mas obedeciam a regras de comportamento conhecidas por todos (por exemplo, não havia furtos dentro da aldeia, era uma norma cumprir a palavra dada etc.). E tinham suas crenças religiosas, mitos e cerimônias, parte importante de suas vidas. Acreditavam em espíritos e adivinhações e depositavam muitas esperanças nos poderes dos pajés de curar, prever o futuro e interpretar o sobrenatural.

Tais características da organização social dos nativos traziam algumas dificuldades para os burocratas e jesuítas portugueses. Não havia um grande chefe ou soberano a quem os lusitanos pudessem se dirigir e obrigar, por meio dele, que todos os nativos se tornassem automaticamente súditos do rei de Portugal ou se convertessem em massa acompanhando a conversão de seu líder. A falta de autoridade poderosa entre os índios brasileiros atrapalhava, na visão dos administradores, os acordos políticos, o cumprimento das leis da coroa e a implantação da catequese. Para os jesuítas e as autoridades metropolitanas era um grande problema, porque a conquista e a rendição de reis ou chefes sempre fora um recurso que facilitava a submissão dos povos. A substituição de leis já existentes era mais fácil do que implantá-las onde não havia nenhuma. A crítica e o combate de alguma fé religiosa era preferível ao enfrentamento com o vago animismo e a magia dos indígenas brasileiros. O inimigo a ser conquistado era valente e perigoso e seu modo de vida atraente para muitos, mas a aparente fluidez de sua organização social deixava perplexos os encarregados de submetê-los.

Para os colonos, entretanto, esta era uma situação até certo ponto conveniente, porque não enfrentavam uma resistência organizada, mas sim de indivíduos livres e independentes, que muitas vezes reagiam segundo seus interesses pessoais ou grupais imediatos.

GUERRAS

Na época do descobrimento, as relações entre as tribos e grupos étnicos indígenas variavam. Havia as que viviam sua vida sem ter contato com outras. Havia as tribos que se relacionavam pacificamente praticando o escambo. E, finalmente, as que estavam freqüentemente em guerra contra outras. Não é possível saber o que teria acontecido às relações entre portugueses e índios se os primeiros contatos não tivessem sido com os tupi guerreiros e antropófagos do litoral. O canibalismo e o espírito bélico eram elementos importantes de sua cultura e os envolvia constantemente em violentos conflitos tanto com tribos de etnias diferentes quanto com grupos aparentados lingüística e socialmente.

Gandavo, impressionado, registrou:

> Estes índios são muito belicosos e têm sempre grandes guerras uns contra os outros; nunca se acha neles paz, nem é possível haver entre eles amizade; porque umas nações pelejam contra as outras e matam-se muitos deles, e assim vai crescendo o ódio cada vez mais e ficam inimigos verdadeiros perpetuamente. (...) Esta gente é muito atrevida e teme muito pouco a morte, e, quando vão à guerra, têm sempre a certeza da vitória e de que ninguém de sua companhia vai morrer. E quando partem dizem: " — Vamos matar!" (...) Não dão a vida a nenhum cativo, a todos matam e comem, enfim, suas guerras são muito perigosas (...).

Uma das explicações dos arqueólogos e antropólogos para o predomínio territorial dos tupis-guaranis ao longo do litoral do que viria a ser o Brasil por volta de 1500 afirma que, pouco antes dessa época, eles teriam concluído um longo processo de migração e ocupação da costa.

Os guaranis, que há dois ou três mil anos habitavam a Amazônia Central, teriam avançado em direção aos Andes ou em direção ao sul do Brasil, onde estavam estabelecidos no início do XVI. Os tupinambás, tabajaras, tupiniquins e outros, por sua vez, teriam vindo da Amazônia em direção ao sul pelo litoral, ocuparam quase toda faixa costeira de onde expulsaram as tribos tapuias (ou gê, como são hoje conhecidas) que lá habitavam. Estes, menos organizados e vivendo em grupos menores, em abrigos sumários, sem praticar a agricultura, a olaria, a tecelagem ou a construção de barcos, teriam sido derrotados, apesar de sua forte resistência. A expulsão do litoral em direção ao interior teria privado os tapuias da pesca marítima, da coleta de ostras, mexilhões, moluscos e caranguejos, das frutas da região e da abundância da caça que existia na mata atlântica e nos alagados da foz dos rios. Supõe-se que, nos séculos seguintes à descoberta, seus remanescentes, como os botocudos e os aimorés, não cessaram de lutar pelo retorno às suas antigas terras. Apesar da sua ferocidade e ardor guerreiro, não comiam carne humana como seus inimigos tupis. (Em meados do século XVII, com a quase extinção dos tupis do litoral e a desorganização geral provocada pelas lutas contra os holandeses, os tapuias começaram a refluir para a costa, sua região de origem, onde ameaçaram o povoamento português. Começou assim a chamada Guerra dos Bárbaros que

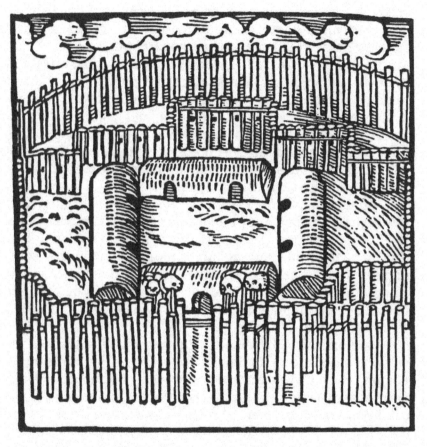

Aldeia fortificada. Como recurso de defesa, tupinambás e tamoios construíam cercas, às vezes duplas, de altos troncos amarrados entre si para dificultar os ataques. Desenho de Hans Staden.

duraria quase meio século e que só foi vencida com o auxílio de bandeirantes paulistas contratados para esse fim.)

Se essa hipótese da ocupação do litoral pelos tupis estiver certa, a obsessão pela guerra — fundamental na sua vida social e religiosa — pode ter sido acentuada pelas lutas infindáveis que teriam travado por muito tempo para ocupar a rica região litorânea. Essa conquista seria mantida pela intimidação constante de seus adversários étnicos e das tribos aparentadas.

De qualquer maneira, a guerra tinha uma função integradora tão fundamental para esses índios que, quando mais tarde se impediu sua realização, as estruturas sociais e mentais do grupo ficaram abaladas. Para alguns pesquisadores, a guerra, concebida como *vingança* exigida pelos parentes e antepassados mortos, integrava os mortos na sociedade dos vivos aos quais transmitiam sua força e virtudes, fornecendo a toda a tribo um propósito comum que dava sentido a suas vidas.

A guerra aperfeiçoava a técnica e a capacidade dos guerreiros, que assim firmavam a supremacia masculina na estrutura das famílias e das tribos. O prestígio de um homem aumentava em função da quantidade de inimigos mortos ou capturados. Os membros do conselho dos mais velhos e os feiticeiros, como guardiões da memória, da tradição e dos segredos mágico-religiosos, agiam sempre para preservar o seu poder de influência sobre a comunidade.

As autoridades coloniais e os jesuítas encontraram grandes dificuldades quando tentaram coibir ou impedir as guerras infindáveis. Por um lado, aquilo que para os europeus era uma anomalia condenável (mas bastante comum e às vezes considerada inevitável), para o indígena era um fato normal, desejável, meritório e, por que não dizer, sagrado. Por outro lado, como foi dito, havia portugueses que se beneficiavam das guerras entre os índios: incentivavam os conflitos e vinganças com o objetivo declarado de exterminar o maior número possível de índios e desviar seu desejo de lutar contra os brancos e resgatavam ou compravam os prisioneiros para escravizá-los, o que acabava tendo o mesmo resultado.

A preocupação dos guerreiros não era conseguir riquezas resultantes dos botins de guerra e sim fazer um bom número de prisioneiros entre os inimigos. Essa falta de interesse material na prática da guerra espantou vários cronistas europeus. Thevet foi um deles:

> todas as suas guerras não se devem senão a um absurdo e gratuito sentimento de vingança. (...) É tamanha a ignorância desses infelizes, que chegam às vias de fato por dá-cá-aquela-palha! (...) Não se pense jamais em reconciliar um silvícola com alguém que ele julgue tê-lo ultrajado, por menor que seja a ofensa. Isto é um sentimento que se transmite de pai para filho. Pode-se vê-los ensinando os seus filhos de três ou quatro anos a manejar o arco e a flecha, exortando-os continuamente a ser corajosos, a tirar vingança dos seus inimigos, a não perdoar quem quer que seja — antes de morrer! Assim, quando caem prisioneiros uns dos outros, não se pense que procuram algum meio de escapar, pois nada mais esperam do que morrer desse modo, que consideram dignificante e honroso.

As decisões de guerra eram tomadas por um conselho do qual participavam os anciãos e os guerreiros mais valentes. Reuniam-se em lugar apartado e nada podia interrompê-los. Ali discutiam até chegar a uma conclusão e escolher o chefe que deveria liderar a luta. A seguir, o chefe pregava durante algumas horas do dia e à noite lembrando as façanhas de seus antepassados e as covardias de seus inimigos até que toda a tribo estivesse entusiasmada com a idéia da guerra.

Então, partiam finalmente os homens com suas armas, as mulheres carregando o alimento e os filhos caminhando em fila indiana, com o chefe e os jovens guerreiros à frente. Quando se aproximavam da aldeia que seria atacada, faziam silêncio e não acendiam fogo para comer para não dar aviso antecipado do ataque. Este era realizado com grande alarido, toques de buzina de conchas e rufar de tambores, acompanhado de uma chuva de flechas mortais.

As armas

A principal arma utilizada era o arco e flecha, manejada com muita precisão e eficiência. Para se defenderem, tinham escudos feitos de couro, pele de peixes ou casca de árvore. No combate corpo-a-corpo, usavam o tacape — uma espécie de clava feita de madeira dura e afiada de um dos lados que podia esmagar o crânio do inimigo com um só golpe — e o machado de pedra polida. Segundo Léry, os arcos eram feitos de madeira tão dura que os europeus não conseguiam vergar, o que comprova a força física e a destreza dos índios. Quando passaram a combater os brancos, com pontaria certeira e a rapidez do tiro de flecha, superavam em maneabilidade o arcabuz, pois, enquanto este era carregado, apontado e disparado, cinco ou seis flechas já tinham sido atiradas.

A vantagem da arma de fogo era o efeito psicológico, mas isto funcionava melhor com as populações que a desconheciam. Era difícil para os europeus defenderem-se contra as flechas, porque suas couraças e capacetes metálicos eram caros, pesados e desconfortáveis sob o sol tropical, prejudicando a mobilidade do soldado. Um avanço tecnológico foi o uso de coletes de couro de anta endurecido e outro ainda mais acessível foram os acolchoados de algodão prensado, mais leves, que também detinham as flechas. Esses coletes de algodão passaram a ser a defesa predileta dos apresadores de índios, os bandeirantes.

As táticas

As táticas de guerra eram bastante simples, envolvendo ataques de grupos de formação bastante livres, que procuravam ganhar vantagem na surpresa e no terror provocados pelo barulho dos gritos e toques de trompas de búzios.

A coragem, força e agilidade dos índios tornavam-nos soldados temíveis e eficientes pela audácia e persistência.

Como forma de defesa das suas aldeias, os tupinambás e os tamoios construíam cercas de altos troncos amarrados entre si que dificultavam os ataques às suas casas. Essas cercas eram por vezes duplas, funcionando como armadilhas para os que penetrassem a primeira linha de defesa.

Os botocudos, por sua vez, apesar do seu número reduzido, realizavam uma luta de guerrilha muito eficiente, porque dificilmente se atiravam em grupos contra o inimigo. Preferiam a tocaia

Ritual antropofágico. Momento festivo da execução do prisioneiro. Gravura de Théodore de Bry.

dos adversários que eram apanhados um a um a partir do ataque sempre do último da fila.

Os prisioneiros e a execução ritual

Nas guerras rotineiras contra os inimigos tradicionais, a luta era suspensa quando uma das partes envolvidas, tendo matado alguns inimigos, conseguia capturar algum ou alguns prisioneiros.

Durante os ataques eram mortos sem contemplação homens, mulheres e crianças. Os atacantes procuravam sempre arrebentar as cabeças dos inimigos, porque acreditavam que assim libertavam seus espíritos.

Os prisioneiros preferidos eram os homens para que se pudesse cumprir todo o ritual antropofágico, pois um dos principais objetivos dos ataques guerreiros era o de fazer cativos para serem devorados.

Levado para a aldeia dos captores, o prisioneiro era amarrado de forma ritual pelo seu dono e percorria a aldeia enquanto todos o ameaçavam e lhe prometiam a morte, até mesmo escolhendo as partes de seu corpo, desejadas para o banquete.

Enquanto se decidia se seria executado, trocado ou doado — essa decisão poderia se prolongar por mais de um ano —, o prisioneiro era muito bem tratado, alimentado, engordado e até podia receber uma esposa temporária. Se por acaso tivessem um filho nesse tempo, a criança seria considerada inimiga e deveria ser morta e comida como o pai. (Segundo acreditavam os índios, a mãe não tinha parte na concepção e, portanto, o filho descendia apenas do pai. Nesses casos, as mães podiam, então, comer a carne do próprio filho.)

Quando se aproximava a ocasião festiva da execução, eram feitos convites às aldeias vizinhas, enquanto as mulheres preparavam o *cauim*, bebida feita de mandioca ou milho cozido, mastigado e fermentado colocada em grandes vasos de barro. "Com a vinda dos convidados, iniciava-se a festança, as danças e a beberragem, alguns dias antes da execução."

O índio escolhido para ser o executor do prisioneiro era pintado com cores vivas ou untado com gema de ovo, mel ou resina e coberto com penas coloridas. Na cabeça portava um cocar de penas muito bem-feito e o tacape também recebia uma cobertura

O prisioneiro era enfeitado de forma semelhante, com o rosto pintado de verde ou azul e levado para o lugar do sacrifício, no meio da aldeia, diante de todos. Antes, esperava-se que demonstrasse valentia, embora amarrado por duas cordas seguras por dois homens, podia lançar pedras e insultos contra seus inimigos aos quais lembrava que seria vingado por seus parentes que os comeriam.

Depois era semi-imobilizado mas ainda podia fazer algumas negaças para evitar o golpe do tacape do executor que finalmente esmagava-lhe o crânio. Nesse momento, uma velha corria com um cabaço na mão para pegar o miolo e não deixar desperdiçar o sangue, pois tudo seria aproveitado no banquete canibal.

O corpo do morto era limpo e chamuscado pelas velhas que depois o entregavam a um velho que o retalhava, começando por fazer uma abertura no ventre por onde as crianças lhe tiravam as tripas das quais recebiam pedaços. O corpo era depois esquartejado e dividido entre os participantes da festa que recebiam, por vezes, os pedaços previamente escolhidos.

A carne era colocada sobre uma espécie de jirau onde era moqueada, isto é, assada e defumada até ficar no ponto desejado. Depois era consumida, deliciando os comensais. "Todos comem carne humana dos inimigos e têm-na pela melhor iguaria de quantas pode haver", escreveu Gandavo. Acham tão gostoso comer carne humana em seus banquetes que são capazes de caminhar mais de trezentas milhas só para fazer a guerra, comentou Anchieta. A gordura, os miolos e as tripas eram aproveitados para um mingau destinado às velhas e às crianças.

A cabeça era espetada à porta do executor que também recebia os dentes e as tíbias do morto, mas não a sua carne. Os dentes eram pendurados no colar e as tíbias serviam para fazer flautas.

O matador — consciente da glória adquirida por ter sido escolhido para executar um inimigo — recolhia-se à sua cabana, onde cumpria uma espécie de luto e jejum, enquanto os membros da tribo lhe tomavam todos os objetos pessoais. Ele mesmo retalhava o corpo com conchas afiadas para fazer cicatrizes duradouras. Finalmente escolhia um outro nome pelo qual passava a ser conhecido a partir de então. A honra por esse tipo de execução ritual não cabia apenas ao matador, mas também ao morto, pelo reconhecimento de sua coragem. Os medrosos não mereciam ser comidos.

Todo esse longo e complicado cerimonial destinava-se, como justificavam os índios, a apaziguar o espírito do morto para que não procurasse vingança contra seu matador. O ato de devorar o prisioneiro tinha por objetivo declarado vingar os parentes e amigos mortos pelos inimigos e incorporar suas virtudes guerreiras e sua força espiritual.

É claro que os inimigos deveriam fazer o mesmo, o que gerava um estado de guerra infindável, sempre seguido de festins antropofágicos.

O canibalismo praticado pelos nativos escandalizava os europeus. A total impossibilidade de uma paz honrosa, sem sacrifícios humanos, os festins constantes em que toda a tribo se regozijava com a entusiástica participação de mulheres, velhos e crianças foram elementos importantes para convencer os europeus da bestialidade dos indígenas.

Os primeiros colonos que vieram como degredados, desertores, náufragos ou foram abandonados pelos navios e escaparam à morte integraram-se nas tribos andando nus, casando-se e participando de guerras e festins. Dessa forma, foram aceitos como índios e muitos assim quiseram permanecer, mesmo depois de convidados a retornar ao convívio da cultura européia.

Os colonos chegados com os donatários e governadores e que fundaram os primeiros estabelecimentos permanentes condenaram as guerras e os sacrifícios humanos, mas logo perceberam as vantagens oferecidas pelas guerras e passaram a manipulá-las.

As matanças das guerras e até a execução de alguns prisioneiros foram toleradas pelos jesuítas (embora a contragosto), uma vez que isto também ocorria entre os europeus. O que os horrorizava e às autoridades coloniais eram as chamadas *mortes em terreiro*, as execuções rituais seguidas do festim antropofágico.

O prisioneiro é morto, seu corpo então será devidamente preparado para o banquete. Gravura de Théodore de Bry.

Várias vezes, correndo risco de vida, jesuítas tentavam impedir a comilança canibal. Quando não conseguiam, tentavam batizar o prisioneiro, o que os índios procuravam evitar afirmando que o batismo estragaria o gosto da carne.

Essas execuções eram rituais de vingança que exigiam como resposta outras vinganças iguais. O abandono voluntário ou obrigatório desse ritual quebrava a solidariedade interna dos membros do grupo, e a ligação que os unia aos seus parentes mortos ficava abalada, equivalendo a uma renúncia às raízes culturais. Depois dessa drástica ruptura, temendo mais violência por parte dos colonos, muitos índios viam como sua única opção aceitar os valores cristãos e buscar a proteção e mediação dos jesuítas para serem aceitos pelos colonos.

OS JESUÍTAS e os "selvagens"

Garantir o domínio português sobre as terras brasileiras envolvia não só a cristalização do poderio econômico e político da metrópole como também a conquista ideológica dos povos da colônia. Esta seria feita, entre outras coisas, pela consolidação da cultura européia e da moral católica, em particular, como referenciais dominantes da prática religiosa e dos costumes dos habitantes do Brasil.

O papado de Roma, em troca de seu apoio político, esperava que a coroa portuguesa colaborasse para o aumento do rebanho católico por meio da população de suas colônias. A expansão portuguesa na África, Ásia e América teve a sanção papal por meio de bulas que davam direito aos portugueses de conquistar essas regiões com vistas à conversão dos nativos ao cristianismo. Esse fato engendrava obrigações de prover uma grande legião de pregadores católicos que deveriam ensinar os rudimentos da religião, ao mesmo tempo que transmitiam a cultura européia nessas terras. Em todo o mundo católico, os padres seculares eram muito mal preparados para tais funções (problema que só começou a ser atenuado após o Concílio de Trento, em meados do século XVI, quando foram criados os primeiros seminários). Ordens religio-

O corpo é esquartejado, suas partes serão exibidas com júbilo por toda a aldeia. Gravura de Théodore de Bry.

sas como as dos franciscanos, beneditinos e capuchinhos demoraram a se interessar pela catequese do ultramar português. Portanto, apesar do grande número de padres e frades que existia em Portugal, na época, nem todos estavam preparados e aceitavam partir para lugares estranhos em viagens perigosas, sacrificando as situações relativamente confortáveis que tinham na Europa.

Os padres da Companhia de Jesus — ordem religiosa fundada por Inácio de Loiola e aprovada pelo papa em 1540 — foram peça-chave nesse processo. Foi a recém-criada Companhia de Jesus que, assim que se instalou em Portugal, lançou-se com grande entusiasmo à catequese em locais tão afastados como Japão, China, Índia, Angola e Brasil. Vieram às terras brasileiras dispostos a converter os nativos ao cristianismo e garantir a manutenção da ordem espiritual católica entre os colonos.

Em 1549, chegaram à Bahia, com o primeiro governador-geral, Tomé de Souza, os primeiros seis jesuítas comandados por Manoel da Nóbrega. Em menos de vinte anos, estariam instalados em todos os pontos do litoral brasileiro ocupados por colonos. Nesse período, fundaram colégios, conventos, igrejas, onde procuravam ensinar, pregar, curar e orientar a população da colônia.

Sua atuação mais polêmica, mas com certeza mais importante para o sucesso da colonização como um todo, foi a catequese dos indígenas. A correspondência dos primeiros missionários é das mais reveladoras sobre os problemas básicos da colonização e as soluções imaginadas e implantadas para viabilizar o povoamento e a exploração econômica.

Catequese

Os jesuítas procuravam, convivendo com os nativos, combater as crenças indígenas e seus "costumes bárbaros" por meio da evangelização, das pregações e do exemplo. Queriam transformar o "selvagem" em "civilizado". Queriam "salvá-lo", fazendo com que conhecesse a verdadeira fé.

Chegados à Bahia, como vimos, os jesuítas puseram-se imediatamente a percorrer as aldeias indígenas vizinhas, experimentando táticas de aproximação e catequese provavelmente

Não havia desperdício no banquete antropofágico: dos restos do inimigo, preparava-se um mingau sorvido por mulheres e crianças. Gravura de Théodore de Bry.

orientados pelos povoadores mais antigos que conheciam a língua e os costumes nativos. Com o auxílio de intérpretes, no início aproximavam-se das habitações dos índios cantando e dançando hinos religiosos. Depois punham-se a falar e pregar por longas horas, conforme o costume dos chefes indígenas, admirados e seguidos segundo suas habilidades oratórias e persuasivas. Em pouco tempo, alguns religiosos como o padre Aspicuelta Navarro aprenderam a língua e revelaram-se pregadores dedicados e muito influentes.

A constante mudança das aldeias e o hábito indígena de viver o dia todo pela floresta caçando e pescando dificultavam o contato para a catequese.

> Porém este inconveniente não vencia o grande fervor do padre Aspicuelta. Ia esperá-los sobre a tarde, a tempo que vinham carregados com suas caças; dava-lhes as boas vindas, e os parabéns do sucesso aos que tiveram boa dita. Dizia-lhes que descansassem, e ceassem, muito embora com suas famílias: e quando já estavam descansados, e satisfeitos, em começando a noite a desenrolar seu manto, começava ele a despregar a torrente de sua eloqüência, levantando a voz, e pregando-lhes os mistérios da fé, andando em roda deles, batendo o pé, palmando mão, fazendo as mesmas pausas, quebros, e espantos costumados entre seus pregadores, para mais os agradar e persuadir.

A descrição de Nóbrega sobre os métodos de catequese de Aspicuelta e a atuação de outros padres evidencia o aproveitamento criativo de características da cultura indígena que favorecia a comunicação de idéias por meio de técnicas de persuasão já conhecidas. Não era possível reduzir a catequese a pregações semanais na igreja, porque dessa forma atingiria só os que se abalassem a ir até lá para ouvi-las em ambiente novo.

Em pouco tempo, ficou clara para os jesuítas a necessidade de incorporar os costumes locais aos seus ensinamentos e fazer adaptações para atingirem seus objetivos. Entre outros métodos, pregavam em tupi, dançavam, batiam no peito e tocavam instrumentos indígenas. "Traduziam" por aproximação com as crenças indígenas e simplificavam conceitos e filosofias da religião cristã facilitando sua compreensão.

A segunda missa celebrada no Brasil. Óleo de Vítor Meireles.

Os jesuítas chegaram a ser muito criticados por outros padres e ordens pelo fato de fazerem tantas concessões aos hábitos da terra. Uma das críticas mais severas veio de quem os jesuítas mais esperavam apoio, o primeiro bispo, D. Pero Fernandes Sardinha, que não era jesuíta e que, escolhido pelo rei, chegou ao Brasil em 1551 e acabou devorado pelos caetés em 1556, após o naufrágio do navio que o levaria de volta a Lisboa. O bispo tinha sérias dúvidas quanto à capacidade de os "selvagens" abraçarem a fé do homem "civilizado". As mudanças que procurou introduzir não deram muito certo. O bispo D. Pero Fernandes Sardinha, ainda que culto e muito versado em teologia, revelou-se pouco realista no capítulo da catequese, não aceitando outra atitude que não fosse a total submissão aos preceitos europeus. Sardinha encarava o processo de aculturação como uma cópia fiel dos modelos europeus, enquanto os jesuítas revelavam já suas habilidades catequéticas ao aceitarem certos aspectos externos da cultura local. Dessa forma, conseguiam transmitir e fazer absorver a mensagem essencial que acabou contribuindo para a destruição dos valores indígenas.

O modo como encararam por muito tempo a questão da nudez dos nativos é um exemplo. Diante das dificuldades em fazer com que os índios andassem vestidos, os jesuítas optaram por apenas encorajar o uso de roupas (especialmente para as mulheres) nas igrejas, durante a confissão ou nas cidades. A esse respeito, Nóbrega comentou com ressentimento a posição do bispo que exigia que os índios andassem vestidos, porque "nus cometiam pecado contra a natureza".

Os jesuítas não exigiam roupas, porque os índios não as tinham, nem podiam comprá-las e os padres não tinham meios de fornecê-las (eles mesmos tinham que se contentar, algumas vezes, com o tecido de velas velhas para confeccionar suas batinas). Além disso, religiosos que viviam entre os índios e que se propuseram a adotar esse hábito, constataram que podia ser perigoso para a saúde, pois os nativos entravam na água vestidos e ficavam com as roupas molhadas mesmo quando doentes, aí tinham a febre aumentada.

D. Pero Fernandes Sardinha chegou ao Brasil em 1551 e acabou devorado pelos caetés em 1556, após o naufrágio do navio que o levaria para Lisboa.

Para os colonos, a nudez atenuada dos índios e negros com o uso de calções curtos ou tangas, às vezes acrescidos de blusas e saias para as mulheres, interessava como uma demonstração de sua inferioridade cultural e material ante seus senhores brancos. Daí o (estranho e chocante, para os viajantes estrangeiros até do século XIX) costume de homens e mulheres escravos circularem seminus pela casa. Mesmo quando, por bondade ou vaidade do proprietário, cobriam-se os escravos de roupas luxuosas e jóias, eles deveriam andar descalços ou de chinelos para que se pudesse distingui-los dos livres.

Para o índio, como a roupa era um traço cultural novo, não acompanhado de outros como sentar-se em bancos e não no chão, cobrir o colo como precaução contra a sujeira e lavar constantemente a roupa (também não tinham sabão), tornava-se um verdadeiro repositório de germes causadores de doenças.

A catequese de povos não-europeus teve seu primeiro grande campo na América e isto quando a ciência da antropologia nem era sonhada. Foi preciso improvisar, experimentar, errar, observar, corrigir e criar táticas de contato entre povos, muito diferentes, com resultados por vezes trágicos de destruição cultural mas também de integração e absorção de traços oriundos de ambas as culturas. O modelo de catequese jesuítica foi seguido por outras ordens religiosas e somente no século XX, após a considerável contribuição dos estudos etnográficos e antropológicos, foi reformulado.

"Povo-criança"

No início de seu trabalho, os jesuítas estavam muito otimistas. Acreditavam, conforme chegou a escrever Manoel da Nóbrega, que o nativo fosse como um "papel em branco", receptivo, no qual fosse possível "escrever" o que se desejasse. A delicadeza, a ternura, a hospitalidade e a alegria presentes na convivência dos índios e seus hóspedes reforçou a imagem de que constituíam um "povo-criança" feliz. Daí talvez tenha se originado a idéia de um suposto vácuo de cultura, de valores, que poderia ser preenchido pela civilização européia e fé cristã. E também a convicção de que, como "crianças", os índios deveriam ser obedientes e aceitar ordens de trabalho e de abandonar seus costumes, dadas pelos "adultos" europeus que sabiam o que era melhor para eles. Quando um contato mais profundo e prolongado revelou os aspectos chocantes da cultura indígena, aliados à sua resistência ao papel e à posição que lhe queriam atribuir, surgiram os primeiros choques e a imagem do índio sofreu uma reviravolta radical. A nudez passou a ser uma prova de sua animalidade e depravação e não da inocência do homem original sem pecado.

A infantilização do índio, formulada a partir de sua nudez, da sua alegria e hospitalidade naturais, com certeza convenceu os colonos de que não saberiam reagir ao esbulho e à violência. Quando eles se revoltavam eram chamados de falsos e hipócritas, porque não tinham mostrado esta face ao colonizador logo de início. Por conseqüência, a "falsidade dos nativos" foi a constante justificativa das violentas repressões de que foram vítimas.

A falsidade do europeu era justificada. Ele não se julgava obrigado a levar a sério costumes, hábitos e direitos de "criança" que na sociedade adulta — a dita civilizada — deveriam submeter suas necessidades às dos que sabiam mais.

Já em 1550, Manoel da Nóbrega duvidava de suas posições anteriores escrevendo que talvez fosse mais fácil que os índios se convertessem por medo que por amor, devido aos seus costumes "abomináveis" e sua distância enorme da fé cristã. A decepção foi comum entre os jesuítas que, diante de seus fracassos, cada vez mais, alimentavam a crença na inferioridade cultural indígena.

A experiência demonstrara a grande dificuldade da conversão de adultos que ouviam cortesmente as pregações, participavam das procissões, cantos e festas, mas que insistiam em fazer suas guerras tribais, comer seus prisioneiros e viver segundo seus costumes sexuais. A evangelização das crianças indígenas, nesse contexto, foi vista como a grande esperança dos jesuítas; não só elas se converteriam mais facilmente como seriam "um meio para a conversão do gentio". Vários índios interessavam-se em entregar seus filhos para serem ensinados pelos padres como uma forma de estabelecer alianças.

Com alguns garotos, os padres obtiveram sucesso. Bem doutrinados, passavam a abominar os costumes dos próprios pais, criticando-os e envergonhando-se deles. Com outros, entretanto, viam a inutilidade de seus esforços quando os jovens abandonavam os ensinamentos cristãos ao voltar para o convívio na tribo de origem.

"A salvação"

O jesuíta Simão de Vasconcelos estranhava que Deus, depois de fazer do Brasil um paraíso da natureza, colocara ali homens semelhantes a feras. Vivem nus, "em manadas" pelos campos, sem nenhuma restrição da natureza.

> Sua morada é comumente como de gente isenta de leis de jurisdição e república, por onde quer que melhor lhes pareça; uns pelos montes, outros pelos campos, outros pelas brenhas, vagabundos ordinariamente ora em uma, ora em outra parte, segundo os tempos do ano, e as ocasiões de suas comédias, caças e pescas; sem pátria certa, sem afeição alguma, fora de toda a outra sorte de gentes.

Após descrever todo o equipamento material e os costumes dos índios, concluiu que a sua pobreza e bestialidade deram origem à crença popular de não pertencerem à espécie humana. Continuando:

> Quando viam aqueles primeiros portugueses um índio tapuia, um corpo nu, uns couros e cabelos tostados das injúrias do tempo, um habitador de brenhas, companheiro das feras, tragador da gente humana, armador de ciladas; um selvagem enfim cruel, desumano e comedor de seus próprios filhos; sem Deus, sem lei, sem pátria, sem república, sem razão; não era muito que duvidasse, se era antes bruto posto em pé, ou racional em carne humana.

Em seguida, o padre desenvolveu a teoria de que o homem vive nos ermos, afastado dos outros, pode perder a racionalidade e se assemelhar aos animais. Mas também comprovou com diversos exemplos, inclusive de índios, que se for retirado das florestas e educado entre os civilizados pode desenvolver a inteligência perdida.

Em resumo, vejamos a interpretação dos jesuítas sobre a questão indígena:

Como os colonos, os jesuítas também achavam os índios brutos e animalizados que haviam degenerado perdendo o conhecimento de Deus, mas que podiam ser recuperados pelo ensino paciente e a submissão às leis humanas. Os padres explicavam ainda que, não tendo conhecimento de Deus, os índios não podiam ser considerados pecadores, mas apenas infratores de leis naturais e humanas, quando cometiam seus crimes.

A lenda indígena de Sumé, a figura mitológica de um homem de barbas brancas que teria ensinado diversas coisas úteis aos índios, inclusive o cultivo da mandioca, foi interpretada pelos jesuítas como a prova de que o apóstolo São Tomé teria passado pelas Américas. Essa história curiosa foi propagada não só no Brasil como na América Espanhola, onde eram apontados inúmeros sinais de sua passagem como certas pegadas encontradas em São Vicente, na Bahia e em outros lugares.

Dessa maneira, resolveu-se a questão de serem ou não os índios seres humanos: os índios foram incluídos na história da Redenção e sua humanidade foi reconhecida inclusive por uma bula do papa Paulo III, em 1537. Nesse documento, o papa, após condenar a teoria de que os índios da América não eram humanos e que, portanto, podiam ser tratados como animais, lembrou não só a responsabilidade apostólica de pregar a todas as nações como o fato de os índios terem revelado vontade e capacidade da Fé em Cristo. Diante disso determinou:

> e querendo prover nestas coisas de remédio conveniente, com autoridade apostólica, pelo teor das presentes determinamos e declaramos que os ditos índios, e todas as mais gentes que daqui em diante vierem à notícia dos cristãos, ainda que estejam fora da Fé de Cristo, não estão privados, nem devem sê-los de sua liberdade, nem do domínio de seus bens, e que não devem ser reduzidos à servidão. Declarando que os ditos índios e as demais gentes hão de ser atraídos, e convidados à dita Fé de Cristo, com a pregação da palavra divina, e com o exemplo de Boa Vida.

Firmava-se nesse momento a posição oficial da Igreja ante os índios e ela seria cumprida por ordens catequistas como as dos dominicanos, jesuítas, franciscanos e outros, mas nem sempre pelos padres seculares que, muitas vezes, assumiam os interesses e a posição dos colonos. Enquanto os jesuítas eram uma ordem religiosa ligada a Roma, mas com certa autonomia (inclusive financeira), os clérigos seculares eram padres nomeados por quem lhes pagava, os senhores de engenho ou a coroa portuguesa, sendo, portanto, muito ligados aos interesses dos colonos, nunca defenderam os direitos dos índios.

Nos séculos XVI e XVII, jesuítas e colonos defendiam posições conflitantes com relação à liberdade dos índios. Os primeiros acusavam os moradores pelos maus-tratos infligidos aos gentios, chamados de cães, tamanho ódio que os colonos tinham deles. Escrevendo ao Tomé de Sousa em 1549, Nóbrega se queixava de que os colonos sujeitavam o gentio não para que este fosse salvo e conhecesse Cristo e sim para roubá-lo, suas roças, seus filhos, suas filhas e suas mulheres.

O problema era que, mesmo sendo simpáticas aos projetos evangelizadores, as autoridades portuguesas não podiam desagradar os colonos, nem atrapalhar os rumos do desenvolvimento econômico da colônia. Assim, a legislação lusitana permitia a escravização dos índios no caso de estes terem sido capturados em "guerras justas" (empreendidas quando havia oposição violenta aos portugueses e ao cristianismo), serem já escravos de outras tribos ou estarem correndo o risco de ser devorados por inimigos (nesse caso, a escravidão era tida como um "resgate"). É fácil imaginar que interesses prevaleciam, os econômicos, e a intensidade com que os colonos pressiovam o governo para justificar o apresamento de índios alegando ser fruto de guerra justa.

Os aldeamentos permanentes

Uma das grandes dificuldades para a catequese era o costume indígena de mudar o local de suas aldeias a cada três ou quatro anos, à medida que se esgotavam os recursos de caça, pesca, coleta e cansava-se o solo. Quando os jesuítas voltavam às aldeias, elas estavam vazias, e seus catecúmenos tinham ido para longe. Esse afastamento era também desinteressante para os colonos que perdiam o acesso fácil à mão-de-obra indígena. Portanto, uma das primeiras medidas que os jesuítas procuraram implantar foi a dos aldeamentos permanentes apelando, para viabilizá-las, até para o uso do poder coercitivo dos governadores. Esses aldeamentos ou reduções jesuíticas reuniam em uma região delimitada algumas aldeias de índios que se submetiam à autoridade dos padres e à justiça portuguesa.

Nos aldeamentos, os padres procuravam minar a autoridade dos chefes e dos mais velhos em geral — incluindo o pajé, o líder religioso — que eram os guardiães da tradição e dos costumes. Legalmente, o aldeamento era uma concessão do rei de Portugal aos índios (os jesuítas não eram "donos" dos aldeamentos). A produção ficava para seus habitantes (os aldeamentos mais prósperos eram constantemente atacados pelos colonos).

O cotidiano num aldeamento misturava ao dia-a-dia de atividades produtivas dos índios momentos rotineiros de aulas, rezas, cerimônias e pregações. Como estratégia de catequese, os jesuítas empenharam-se em conquistar os meninos tratando-os com grande carinho, o que agradava aos pais indígenas. Ensinavam-lhes a religião cristã, a ler, escrever, cantar, tocar instrumentos musicais, algum ofício manual e dessa forma os prestigiavam e os colocavam acima dos pais, com os quais serviam de intérpretes. As crianças indígenas doutrinadas tinham participação especial, com cantos e danças, nas missas, procissões e festejos religiosos.

Na aldeia de São Paulo, na Bahia — formada com o apoio do terceiro governador-geral Mem de Sá (1557-1572) —, por exemplo, os meninos saíam para pescar (para si e seus pais) de manhã e à tarde passavam de três a quatro horas na escola. Depois, toda a aldeia era doutrinada, ao final os indiozinhos cantavam "Salve" e rezavam a "Ave-Maria". À noite, tocava-se o sino e os meninos passavam a doutrinar os mais velhos.

Nas aldeias sob a administração jesuítica, Mem de Sá ordenou a construção de um pelourinho para castigar os garotos que fugiam da escola, para evitar a revolta dos pais, o castigo não era aplicado diretamente pelos padres.

Na educação das crianças, os padres consideravam um bom método fazê-las decorar a doutrina por meio de catecismos dialogados, com perguntas e respostas sobre temas diversos como "a criação do mundo", "a paixão de Jesus Cristo", "a definição da Santíssima Trindade" etc., que muitas vezes eram traduzidos para a língua tupi.

No capítulo da catequese, é preciso lembrar que, desde o primeiro exame das condições dos indígenas para a conversão em 1550, concluiu-se que a antropofagia era um problema sério e característico de todas as tribos do litoral até São Vicente. (Os chamados tapuias do interior não a praticavam, mas seu contato era difícil pela distância, dispersão e ferocidade guerreiras.) Nos aldeamentos, o canibalismo e as guerras estavam proibidos. A criação dos aldeamentos que impedissem o nomadismo e a proibição da guerra e dos sacrifícios humanos foram, no final das contas, as iniciativas mais eficientes na destruição de elementos importantes da estrutura da cultura indígena. A introdução das várias formas de coerção por meio de castigos físicos como as prisões, os açoites e as mutilações de membros, concedidos por uma autoridade poderosa e hierarquicamente superior que deveria obrigatoriamente ser obedecida, minou o costume indígena de decidir por meio do convencimento e do consenso. A poligamia, a nudez, os enfeites, os antigos nomes, os rituais, a crença nos pajés e outros "costumes pagãos" também tinham que ser obrigatoriamente abandonados.

Alguns aldeamentos eram constituídos à força (se os índios não aceitassem teriam suas casas queimadas por ordem do governador, por exemplo) enquanto outros formavam-se por vontade própria daqueles que procuravam garantir sua sobrevivência física (o que nem sempre ocorria já que os colonos, aproveitando muitas vezes o descaso das autoridades lusitanas, especialmente no governo de Duarte da Costa, 1553-1557, atacavam e escravizavam até mesmo os índios convertidos e aldeados). Buscando a proteção dos padres e das autoridades governamentais contra os ataques dos colonos, os índios aceitavam integrar os aldeamentos, que reuniam quatro, cinco, dez aldeias. Assim *administrados* pelos

São Vicente, fundada em 1532 por Martim Afonso de Souza.

jesuítas, os índios aldeados eram encaminhados para trabalhar algumas vezes nos engenhos em troca de pagamento preestabelecido. Na prática, entretanto, acabavam sofrendo maus-tratos por parte dos senhores, constantemente denunciados pelos jesuítas às autoridades coniventes. Durante o tempo em que atendiam às necessidades dos moradores, os índios administrados das missões estavam sujeitos a patrões que procuravam, sem custos ou responsabilidades, extrair o máximo de seu trabalho não respeitando limites de horário e esforço físico. As condições de trabalho eram terríveis. Por vezes ainda, os brancos levavam os índios dos aldeamentos e não os devolviam mais.

Os aldeamentos serviam também, muitas vezes, como fonte de abastecimento de gêneros alimentícios para as povoações vizinhas.

Por algum tempo, os jesuítas parecem ter tentado firmar o princípio de que os índios cristãos não deveriam ser escravizados e por isso a sua função catequética sofreu grande oposição por parte dos colonos. Quando os jesuítas assumiram um papel de defensores de medidas que visavam mitigar os piores males da escravidão sem condená-la no todo, sua ação foi aceita e requerida pelos colonos.

A diminuição do número de indígenas e a satisfação da necessidade de mão-de-obra pela importação de negros africanos acabou por conceder aos índios um lugar marginal na sociedade colonial e que continuaram ocupando até o século XIX. Os aldeamentos indígenas passaram a fornecer mão-de-obra ocasional para obras públicas, transportes (remeiros e carregadores) e lavouras—produzindo mantimentos para a subsistência das populações urbanas e rurais vizinhas. Outra função importante dos índios que se encontra registrada até em recenseamentos do século XVIII é a de força militar auxiliar contra ataques estrangeiros, contra quilombos, bandidos e na defesa de caravanas comerciais para Minas Gerais.

Na Bahia, os jesuítas conseguiram reunir em aldeamentos (que depois seriam completamente destruídos pelos colonos) aproximadamente 34 mil índios entre 1557 e 1562.

Em São Paulo de Piratininga, o aldeamento estabelecido em 1554 viria a ser o importante núcleo que deu origem à futura cidade de São Paulo.

No sul, os aldeamentos guaranis sob a autoridade de jesuítas espanhóis alcançaram relativo sucesso. A grande esperança e o sonho de Nóbrega desde a sua chegada até a sua morte em 1570 havia sido levar a catequese à região dos carijós que começava em São Vicente e se estendia para o interior e para o sul até o rio da Prata. Esses carijós eram as tribos guaranis que se caracterizavam por uma incipiente sedentarização, agricultura mais desenvolvida, menor obsessão com a guerra e não eram praticantes da antropofagia. Como a maior parte de seu território encontrava-se em área espanhola, Nóbrega nunca conseguiu realizar o projeto de ali instalar missões, o que só foi conseguido pelo lado espanhol no século XVII. Em termos de área missioneira, houve sucesso no Tape (Rio Grande do Sul), em Guairá (Paraná), Itatum (Mato Grosso). Essas missões foram destruídas mais tarde por bandeirantes apresadores. As mais duradouras foram os Sete Povos das Missões, as missões do Paraguai e da Argentina, em que os jesuítas conseguiram criar aldeamentos bem afastados dos brancos e avançar mais nas suas propostas catequéticas.

A catequese do índio foi elemento fundamental para a viabilização do povoamento e exploração da colônia. Desse ponto de vista, foi medida acertada e vitoriosa. Quando, porém, a consideramos do ponto de vista dos índios, foi um instrumento de destruição cultural dos mais mortíferos e a responsabilidade da Igreja e de seus agentes não pode ser diminuída.

Além disso, embora os jesuítas se esforçassem para evitar a escravização e o morticínio indígena, não há como negar que na Bahia e outras regiões litorâneas, os aldeamentos, organizando os índios, minando sua cultura, combatendo seus valores e seu orgulho e submetendo-os a uma autoridade superior, facilitaram a destruição das populações nativas.

A trajetória dos jesuítas

A atividade dos jesuítas em terras brasileiras passou por algumas fases. Uma primeira de relativo otimismo e experimentação (mais ou menos entre 1549 e 1553) seguida pela desilusão diante das dificuldades encontradas para a catequese e o fortalecimento da idéia de que o emprego da força seria necessário à conversão do gentio. Acreditavam então que esta só ocorreria mediante a submissão dos índios a uma autoridade, a implantação de uma disciplina educacional e de um sistema de vigilância e castigos. Para seguirem com seus planos, como foi visto, os jesuítas procuraram reunir os índios em aldeamentos permanentes — o auge desse sistema ocorreu entre 1557 e 1561.

Inicialmente, o governador-geral Mem de Sá e suas forças militares colaboraram com os jesuítas na formação e multiplicação de aldeamentos e na aculturação dos indígenas. Mas em 1562, o processo de expansão dos aldeamentos entrou em crise. Diante da pressão dos colonos insatisfeitos com o crescimento dos aldeamentos e a influência dos jesuítas, o governador declarou "guerra justa" contra os caetés justificada pelo assassinato do bispo Sardinha anos antes. Na realidade, essa guerra foi usada pelos colonos como um pretexto para escravizar ou assassinar todos caetés, até os que se encontravam pacificados nos aldeamentos. A situação piorou ainda mais com as epidemias de doenças que graçaram na região (1562-63) e que aniquilaram, segundo alguns cálculos, metade da população indígena que lá habitava. Às doenças seguiu-se um período de fome e de disputa entre colonos e jesuítas pelos índios que restavam. Os aldeamentos, na prática, passaram a funcionar como um posto de distribuição da força de trabalho indígena entre os colonos interessados.

Nas décadas finais do século XVI, os jesuítas apegaram-se à idéia de que o índio deveria ser radicalmente afastado da população branca. Ao mesmo tempo, cresciam os conflitos entre representantes de jesuítas e colonos em Portugal. A partir de 1609, os jesuítas se instalaram no Paraguai (território espanhol) transferindo para lá seus esforços e seu projeto de catequese, que perdurou até o século XVIII. Os que ficaram em terras pertencentes à metrópole portuguesa concentraram-se em São Paulo, vendo decair sua influência, sobretudo quando foi descoberto o ouro em Minas, e os índios sob sua proteção terminaram escravizados e levados pelos mineradores por volta de 1694.

Com a ascensão de Pombal, em 1750, começa na Europa uma campanha para a destruição da Companhia de Jesus baseada em boatos sobre projetos secretos para a criação de um império jesuítico no coração da América do Sul com a pretensão de desafiar os reis de Portugal e Espanha e outras acusações como impedir a colonização da Amazônia e procurar exercer controle exclusivo sobre os índios. Em 1767, os jesuítas foram expulsos da América. E em 1773, a sua ordem foi extinta (sendo restaurada novamente apenas no século seguinte).

RESISTÊNCIA e derrota

Ocupantes de um território que exploravam segundo as técnicas e valores de sua cultura era natural que os indígenas se ressentissem com a presença dos recém-chegados. Enquanto se apresentavam como visitantes ocasionais que trocavam presentes, os portugueses foram bem recebidos e tolerados. Quando, porém, estabeleceram-se definitivamente com a agricultura de exportação do açúcar e passaram a exigir trabalho dos índios (em troca de pagamentos ocasionais) e depois, diante da resistência, passaram a escravizá-los, os índios se revoltaram. Descontentes, queimaram engenhos, acabaram com roças e povoados, obrigando os portugueses a recuar e fugir.

As revoltas indígenas destruíram os núcleos fundados pelos donatários do Espírito Santo, Ilhéus, Porto Seguro, Bahia e ameaçaram seriamente os de Pernambuco e São Vicente. (Em Pernambuco, os portugueses acabaram por derrotar militarmente os índios. Em São Vicente, os conflitos não foram muito significativos.)

Um dos grandes objetivos da vinda de Tomé de Sousa ao Brasil era sufocar a resistência indígena, submeter os nativos à força, destruindo aldeias, matando e escravizando o quanto fosse necessário para castigar os revoltosos e, por meio do exemplo, atemorizar os outros.

A fundação de Salvador por Tomé de Sousa, acompanhada do reinício do povoamento, só foi viabilizada por uma "política de apaziguamento" dos indígenas em que desempenharam importante papel a mediação de Diogo Álvares Correia (um português, apelidado de Caramuru, que vivia há tempos no Brasil) e os jesuítas recém-chegados. A capitania da Bahia, com o governo geral, tornou-se a sede da administração colonial e núcleo da conquista e expansão portuguesa.

Enquanto o número de índios era muito maior e os colonos estavam relativamente desarmados e desprotegidos, os acuados, exterminados ou capturados e devorados foram os brancos; no entanto, a organização militar, a diretriz mais determinada e os recursos técnicos acabaram por dar a supremacia aos últimos. Arcos e flechas (ainda que em mão hábeis) não puderam superar o poder de armaduras, arcabuzes, espadas e canhões. As "fortalezas" de troncos cercadas por fossos e estrepes dos índios não foram suficientes para conter o avanço dos portugueses, suas armas de aço e seus cavalos.

Os colonos procuravam as tribos nas quais, usando de presentes, ardis e, finalmente, a força, obtinham índios para o trabalho agrícola, para a caça, a pesca, e a coleta de mel, frutas, mariscos, caranguejos e também mulheres para fins sexuais. Os engodos e as violências irritavam os índios que se revoltavam, atacavam os brancos que, por sua vez, adquiriam um bom pretexto para revidar com o extermínio ou a captura.

Aterrorizar o adversário era uma das estratégias utilizadas pelos portugueses. Colocavam, por exemplo, alguns índios capturados na boca dos canhões e disparavam para que seus corpos voassem longe, aos pedaços. Isso era feito diante de outros índios para intimidá-los.

A tática de incendiar aldeias e arrasar plantações também provocava enormes perdas e inúmeras baixas entre as populações indígenas inimigas que se prolongavam ainda por muito tempo depois de terminados os conflitos.

Um outro método utilizado pelos portugueses para submeter os nativos era aliar-se a uma tribo contra outra e, em seguida, depois de vencê-la, voltar-se contra sua antiga aliada enfraquecida.

Além disso, os portugueses souberam incentivar as guerras tribais com vistas à dizimação dos índios ou a sua captura para a escravidão por meio do *resgate* dos prisioneiros. Manoel da

A fundação de Salvador por Tomé de Souza só foi possível por meio de uma "política de apaziguamento" dos indígenas, na qual os jesuítas e Diogo Álvares Correia (o Caramuru) tiveram participação fundamental.

Nóbrega sintetizou essa prática dos colonos na carta que escreveu a Tomé de Sousa em 1559:

> Em esta costa se tem geralmente, por grandes e pequenos, que é grande serviço de Nosso Senhor fazer aos gentios que se comam e se travem uns aos outros, e nisto tem mais esperança que em Deus vivo, e nisto dizem consistir o bem e a segurança da terra, e isto aprovam capitães e prelados, eclesiásticos e seculares, e assim o põem por obra todas as vezes que se oferece, e d'aqui vêm que, nas guerras passadas que se tiveram com o gentio, sempre dão carne humana a comer e não somente a outros índios, mas a seus próprios escravos. Louvam e aprovam ao gentio o comerem-se uns aos outros, e já se achou Cristão a mastigar carne humana para darem com isso bom exemplo ao Gentio.

Nessa mesma carta de 1559, Nóbrega traçou um quadro impressionante do início do costume dos índios se autovenderem ou a seus parentes como escravos.

Isto já era comum no Rio de Janeiro, no Espírito Santo, e se estendeu a Pernambuco e Bahia, principalmente depois das guerras tribais e ataques dos brancos que humilharam e empobreceram os índios, convencendo-os das vantagens de vender os mais fracos. Depois de grandes derrotas, índios desesperados vendiam filhas e sobrinhas para os portugueses. Em períodos de escassez que se seguiam às guerras e desestruturações tribais, muitos enfraquecidos e amedrontados eram capazes de vender-se a si próprios como escravos em troca de um pouco de comida.

Em regiões como Porto Seguro e Ilhéus, os índios do litoral prendiam os nativos que vinham pacificamente do sertão em busca de sal para vendê-los aos colonos.

Aos malefícios das guerras e apresamentos, juntaram-se as fomes por motivos climáticos, destruições e saques de colheitas pelos brancos, e o surgimento de epidemias mortíferas.

Os índios não possuíam defesa contra as doenças européias e africanas como o sarampo, a varíola, a gripe, certas disenterias e a lepra. Além disso, com as guerras, a má alimentação, as perseguições e os trabalhos forçados, ficavam debilitados e, portanto, mais suscetíveis às doenças e impossibilitados de se recuperar das enfermidades.

Segundo alguns autores, a violenta epidemia de varíola de 1562, introduzida pela chegada de negros da Guiné, teria liquidado de trinta a sessenta mil índios aldeados do Recôncavo baiano, propagando-se para o interior, para onde foi levada pelos que fugiam do litoral.

Anchieta avaliava, em 1570, que em cerca de vinte anos de contato haviam morrido ou sido "gastos" oitenta mil índios na Bahia, cifra impressionante das perdas humanas no processo de colonização. Não temos cifras ou levantamentos para outras regiões, mas é de se crer que número semelhante poderia ser atribuído a Pernambuco e quantidades inferiores para outros estabelecimentos da colônia. É possível que, por volta do fim do século XVI, meio milhão de índios tivessem perecido no Brasil por guerras, extermínio, fome e doenças.

Os sobreviventes optavam — para a alegria dos padres — por integrar os aldeamentos jesuítas, abandonando sua cultura ancestral e aceitando a doutrina cristã, ou fugiam para o interior em busca de paz, liberdade e terras para plantar.

Submeter-se ao esquema de vida num aldeamento nem sempre era garantia contra a violência dos colonos. Além disso, uma vez "pacificados" e " aculturados", os índios podiam ser empregados na luta portuguesa pela submissão de nativos de outras tribos ou em diversos tipos de trabalho para os colonos.

Na "guerra justa" decretada contra os caetés, tomada pelos colonos como temporada aberta de caça aos índios, não se fez distinção entre as vítimas; homens, mulheres e crianças, aldeados ou não, inimigos ou aliados, perigosos ou pacíficos, todos estiveram sujeitos às perseguições, aos massacres e apresamentos empreendidos pelos "povoadores". Depois de suspensa a guerra, os caetés nunca mais se recuperaram.

As fugas individuais ou coletivas para o sertão e o despovoamento indígena do litoral foram impressionantes. Como os colonos não podiam ficar sem escravos e a valiosa produção açucareira precisava manter-se, cresceu enormemente a perseguição dos índios em fuga e dos que habitavam o interior, de cultura tupi-guarani, gê e outros.

Padres, então, empenhavam-se em "descer" ao interior para trazer índios de volta aos aldeamentos do litoral, próximos a engenhos e povoações, de onde fatalmente seriam encaminhados para o trabalho. Colonos organizavam expedições de apresamento no sertão ou capturavam no meio do caminho os que acompanhavam os jesuítas.

Prometendo paz e fartura no litoral, várias expedições conseguiram atrair aldeias inteiras para uma armadilha. Ao chegarem ao destino, pais e filhos, casais, irmãos eram separados e distribuídos entre os colonos, senhores de engenho e soldados interessados. Se o senhor se aborrecesse com seus índios — registrou o padre Vicente do Salvador — "os ferrava na face, dizendo que lhe custara seu dinheiro e eram seus cativos".

Os colonos da capitania de São Vicente, especialmente, sem sucesso com o açúcar, empenhavam-se em caçar e vender nativos para as regiões mais ricas necessitadas da mão-de-obra escrava. Nunca houve nada de heróico ou edificante nessa atividade. Aventuravam-se pelo interior em expedições organizadas, chamadas *bandeiras, descimentos* ou *entradas*, com as quais obtinham, por engodo ou violência, braços vermelhos para o trabalho forçado até a morte.

As *bandeiras* tornaram-se comuns e freqüentes no final do século XVI como também cada vez mais os governadores declaravam "guerras justas" contra os índios do interior e autorizavam *resgates*. Assim também os índios do sertão começaram a rarear.

A mortalidade dos escravos nos engenhos de açúcar era alta devido às péssimas condições de existência.

Para tentar manter o controle, evitar as escravizações indiscriminadas (que, em última instância, atrapalhavam o abastecimento das vilas, o comércio do pau-brasil e das drogas do sertão e o sossego dos habitantes desprotegidos), a coroa procurou estabelecer leis que definissem a condição dos índios e limitassem a ação dos colonos sobre eles, pelo menos os pacíficos. Na prática, essas leis no que poderiam favorecer os índios não foram eficazes e alternativas à escravidão indígena só foram pensadas quando essa mão-de-obra começou a rarear.

Em 1674, a bandeira de Fernão Dias Pais partiu de São Paulo com quarenta brancos e centenas de índios. Em 1681, seus integrantes e o próprio Dias Pais retornaram doentes: era a maleita.

ESCRAVIDÃO negra

Fruto de todo o processo de desenvolvimento da economia colonial, as populações indígenas minguaram. Aos poucos, a mão-de-obra escrava indígena, que predominou por todo século XVI sustentando, com centenas de milhares de braços, a economia colonial, foi sendo substituída aos poucos pela negra.

Provavelmente, os primeiros escravos de origem africana chegaram ao Brasil com os primeiros donatários, logo no início da colonização, em pequenas quantidades, servindo como marinheiros nos navios ou executando diversas outras atividades em terra como serviços domésticos ou de capataz.

Sabe-se que em meados do século XVI a quantidade de escravos negros já era significativa, pois, a partir dos anos 60, nas regiões mais ricas da colônia em que o número de índios, mesmo do interior, começava a diminuir, os colonos cada vez mais lançavam mão do tráfico de escravos africanos. Aos poucos, a escravidão vermelha foi sendo substituída pela negra até que, nas primeiras décadas do século XVII, o número de escravos negros superou o de cativos indígenas como força de trabalho nas capitanias mais desenvolvidas. No decorrer deste século, a substituição do índio pelo negro como mão-de-obra escrava seria consolidada.

Nas regiões de produção de açúcar ou mineradoras, a escravidão indígena possibilitara uma acumulação de capital suficiente para propiciar a importação de escravos africanos. Ao mesmo tempo, o desenvolvimento das grandes lavouras de exportação e a expansão da mineração em direção ao interior agrediam e contribuíam para dizimar as populações nativas.

A transição de um tipo de mão-de-obra para outro não se deu ao mesmo tempo em todas as regiões. Em Pernambuco, por exemplo, ela ocorreu antes. Nas regiões mais pobres, sem uma economia mercantil poderosa — como São Paulo, Maranhão, Pará — a escravidão vermelha continuou importante para os colonos. (Legalmente, a escravização de índios foi abolida definitivamente pela coroa portuguesa em 1755. Entretanto, até 1888 — quando aboliu-se o sistema escravista no Brasil — índios continuaram sendo escravizados, não mais de maneira generalizada, mas ainda muito comum.)

Além de reduzida a população indígena disponível aos colonos, outros fatores contribuíram para a substituição de escravos vermelhos por negros.

Os portugueses, acostumados que estavam ao tráfico negreiro internacional, faziam dele um grande negócio.

Pelas próprias condições de vida no continente africano, era-lhes relativamente fácil obter negros cativos no litoral para abastecer seus navios.

No Brasil, os colonos necessitavam cada vez mais de levas constantes e previsíveis de escravos. Nesse sentido, o abastecimento de escravos negros propiciado pelo comércio escravista africano facilitava suas vidas e eles poderiam concentrar-se mais nas suas atividades produtivas. Os navios negreiros sempre viriam cheios.

A coroa e os traficantes tinham um interesse especial na adoção da escravidão negra no Brasil. A escravização do índio era um "negócio interno" da colônia, a coroa pouco lucrava com ele e mesmo os impostos devidos pelos colonos eram-lhe freqüentemente sonegados. A escravidão negra, por sua vez, era extremamente lucrativa tanto para os comerciantes da metrópole quanto para o governo. A coroa cobrava taxas por africano escravizado no embarque, na África, e no desembarque, na América. O comércio transatlântico incrementava-se: navios de mercadores lusitanos aportavam no Brasil trazendo escravos da África e manufaturados da Europa e voltavam carregados de açúcar, fumo e outros produtos da terra que lhes possibilitava comprar mais escravos na África e produtos na Europa, tudo com vistas a lucro.

Os padres também se beneficiavam da escravidão negra: ganhavam para batizar os negros antes que saíssem ao mar. No Brasil, os jesuítas condenavam a escravidão indígena, em nome do cristianismo, mas não faziam restrições morais à negra..... Vários deles, inclusive possuíam e exploravam escravos negros.

De acordo com todos esses interesses, em nome de Deus e da ordem (fruto da diminuição dos conflitos entre brancos e índios restantes), várias leis foram redigidas pela metrópole a partir do final do século XVI estabelecendo limitações à escravidão de índios, o que favorecia o recurso à escravidão de africanos.

O controle dos senhores sobre seus escravos negros era maior do que sobre os índios, não porque os primeiros fossem menos libertários ou trabalhadores mais disciplinados e menos indolentes, e sim porque a origem cultural dos africanos era muito mais variada que a dos índios que falavam línguas semelhantes e podiam se comunicar entre si. Além disso, os índios conheciam a terra e podiam fugir ou rebelar-se mais facilmente do que os homens, as mulheres e as crianças trazidos de outro continente.

Comparando escravos índios e negros sob a óptica da exploração da força de trabalho, temos que, naquele momento histórico de transição, era mais fácil submeter os africanos que os brasis ao sistema escravista. Os negros vinham de sociedades em que a escravidão existia de maneira semelhante à promovida pelos portugueses e colonos, diferentemente dos índios que tradicionalmente não faziam tráfico de escravos e utilizavam os cativos basicamente para seus rituais antropofágicos. Os africanos conheciam sociedades hierarquizadas e chefes com poderes de vida e morte sobre seus subordinados, os índios não estavam acostumados a isso. Em boa parte dos grupos indígenas brasileiros, o trabalho agrícola era considerado feminino, o que aumentava o sentimento de revolta dos índios homens quando obrigados a violar seus costumes e crenças lidando com terra. E, finalmente, no Brasil, os índios tombavam com mais facilidade diante de doenças como lepra, varíola e gripe, que, diferentemente dos africanos e europeus, desconheciam totalmente. Negros e brancos tinham chance de escapar vivos da varíola, índios não.

Escravidão de índios ou negros, a violência era a mesma. A cor do sangue derramado também.

Os Colonos

O plano e as táticas do povoamento e da exploração econômica do Brasil foram delineados no primeiro século da colonização. Em termos globais, a colonização das terras brasileiras subordinou-se a um projeto português especificamente concebido: lucrar o máximo possível com a América. Conquista, povoamento e dominação cultural não estavam entre os objetivos iniciais da metrópole — a população de Portugal era pequena, o Estado não precisava de novos territórios e não abrigava, como em outros lugares, poderosos dissidentes políticos e religiosos dos quais estaria ansioso em ver-se livre. Conquista, povoamento e dominação cultural foram antes de tudo, nesses primeiros tempos, decorrências do projeto maior. Mas mostraram-se mais do que necessários, fundamentais.

A conquista e o povoamento garantiriam à coroa portuguesa a posse da terra contra as ambições estrangeiras, a exploração da força de trabalho e a subordinação dos nativos, o domínio territorial e o desenvolvimento de atividades econômicas lucrativas. Na questão do povoamento, a verdade é que os portugueses simplesmente avançaram sobre "os ombros", ou melhor, as conquistas dos indígenas que já habitavam o litoral e desenvolviam nessas terras suas atividades produtivas.

A dominação cultural, caracterizada pela imposição da idéia da superioridade do modo europeu de ser e pensar, asseguraria o controle ideológico sobre os da terra — nativos, os primeiríssimos povoadores que adotaram costumes indígenas e colonos que vieram a partir da divisão das capitanias ou descendiam de portugueses já nascidos no Novo Mundo. Nesse processo, o aval da Igreja era um ponto de apoio político e a aniquilação cultural (quando não física) das tribos em contato com jesuítas e colonos, uma conseqüência fatal. As contradições que surgiram entre catequese e exploração colonial foram acomodadas em razão primeira dos interesses das elites metropolitanas.

OS SEDUZIDOS pela "vida selvagem"

Uma constatação interessante relacionada às primeiras décadas de povoamento é a existência pouco comentada, mas considerável em número, de portugueses que viviam entre os índios perfeitamente integrados em sua cultura e que resistiam às tentativas posteriores de reabsorção da cultura metropolitana.

Nem todos os colonos subscreviam os objetivos europeus da fundação de vilas tais como foram atribuídos a Martim Afonso de Sousa por seu irmão Pêro Lopes de Souza em seu diário de navegação:

> A todos pareceu tão boa esta terra que o capitão general (Martim Afonso) determinou de a povoar e deu a todos os homens terras para fazerem fazendas e fez uma vila na ilha de S. Vicente e outras nove léguas dentro pelo sertão a borda de um rio que se chama Piratininga; e repartiu a gente nestas duas vilas e fez nelas oficiais e pôs tudo em boa obra de justiça de que a gente toda tomou muita consolação ao verem povoar vilas e ter leis e sacrifícios e celebrar matrimônios e viverem em comunicação das artes e ser cada um senhor do seu e vestir as injúrias particulares e ter todos os bens da vida segura e conversável.

Na linguagem arcaica, mas ainda compreensível do século XVI estão enunciadas todas as vantagens da vida civilizada como governo, justiça, serviços religiosos, casamentos legais, prática e ensino de ofícios diversos e garantia de propriedade privada.

Entretanto, vários europeus preferiam viver nas aldeias, com suas mulheres e filhos indígenas, andando nus e pintados, usando arco e flechas, lutando em suas guerras e até participando dos festins antropofágicos. O curioso é que houve até mulheres nessa situação e que teriam resistido aos convites para voltar ao convívio dos brancos.

O fato é que, mesmo depois, já na época da colonização, havia europeus que optavam por abandonar a vida civilizada (definitiva ou temporariamente) e abraçar a vida selvagem: aderiam aos costumes alimentares dos índios, manejavam arco e flecha, possuíam uma ou diversas esposas nativas, festejavam, pintavam-se e enfeitavam-se à moda dos índios. João Ramalho, que na capitania de São Vicente tinha muitas mulheres e filhos que andavam nus e participavam das guerras e das festas dos índios, é o caso mais conhecido entre muitos outros.

A existência dessa tendência centrífuga dentro da sociedade colonial levanta hipóteses interessantes sobre suas motivações e a questão da fragilidade dos liames da cultura européia sobre certos indivíduos quando expostos à experiência do mundo indígena. Esse mundo se caracterizava pela liberdade individual, grande integração social, nenhuma preocupação com a acumulação de bens e partilha de todos os produtos obtidos pelo esforço pessoal ou coletivo da tribo. Some-se ainda a ausência de qualquer forma de autoridade repressora de caráter político, religioso ou moral que eram os aspectos fundamentais da civilização européia e cristã. Apesar da questão embaraçosa dos festins antropofágicos, que se seguiam às guerras indígenas, a liberdade sexual, a vida livre numa paisagem deslumbrante, com clima ameno e recursos alimentares abundantes deve ter parecido para muitos uma vivência de caráter paradisíaco.

A coroa portuguesa viu com tolerância, e até com simpatia, os casos de europeus adaptados à cultura indígena na época em que o escambo de produtos da terra por manufaturados era a atividade econômica mais relevante na colônia. Esses desgarrados, "indianizados" ou *lançados*, como se dizia na época, muitas vezes, por falarem a língua dos índios e estarem integrados em sua sociedade, eram intermediários úteis facilitando o comércio. A presença dos *lançados* em certas regiões — como Diogo

Álvares, o Caramuru, na Bahia — também foi de grande ajuda para o estabelecimento dos primeiros colonos.

Entretanto, com a consolidação do processo de colonização, a existência de europeus vivendo como índios passou a ser muito malvista. A administração colonial procurou punir os que faziam tal opção. Os jesuítas tentaram ocupar-se desses "cristãos e filhos de cristãos perdidos entre os gentios" procurando fazê-los abandonar os "bestiais costumes" e trazê-los de volta à "virtude cristã" — como escreveu Manoel da Nóbrega.

A imposição da "virtude cristã" nem sempre foi uma tarefa fácil. Muitos *lançados* resistiram. O padre Anchieta reclamava, em uma carta de 1554, que João Ramalho e seus descendentes atrapalhavam o trabalho dos jesuítas aconselhando índios e mestiços a afastar-se dos padres, a não acreditar em suas palavras e a fugir deles para que pudessem continuar vivendo com liberdade. Quando um dos filhos de João Ramalho com uma nativa foi admoestado e ameaçado com as punições da Santa Inquisição, respondeu sem medo que receberia as inquisições a flechadas.

Para o projeto colonial era intolerável a existência desses *lançados* que em nada contribuíam para as novas atividades econômicas e ainda davam mau exemplo a outros portugueses e aos índios, colocando em questão todos os valores cristãos e portugueses e suas idéias de superioridade racial e cultural. Temos exemplo do que poderia ter ocorrido nos mestiços que surgiram da união de caçadores franceses e índias e que se instalaram nas florestas do Canadá para a caça de peles preciosas. Esses mestiços, perfeitamente integrados na floresta, formaram um contingente considerável da população que, no século XIX, enfrentou as autoridades coloniais com seu espírito de independência e contestação.

A política portuguesa procurava incentivar o estabelecimento de vilas e a reunião da população em torno de um centro administrativo e religioso, o que podemos chamar de política centrípeta. Pêro Lopes de Souza escreveu a favor da fundação de vilas, por serem estas o lugar onde as pessoas adquirem polimento e fazem trocas, possibilitando um tipo de interdependência social e lucros que não existem fora de núcleos urbanos. Outro tipo de vida não interessava à metrópole, pois não proporcionava acumulação de capital, lucros ou impostos relevantes.

Para a metrópole e a Igreja Católica, era importante também mostrar que o modo de pensar e os costumes europeus que ajudavam a manter a ordem dominante eram muito superiores ao estilo de vida adotado pelos índios e *lançados* que resistiam em aculturar-se. Empregaram para isso a força das armas e das palavras. Nesses casos, a ação persuasiva do proselitismo jesuíta foi considerável para reduzir ao conformismo esses elementos destoantes, impondo o triunfo dos valores europeus e com eles os seus interesses.

APROVEITANDO a riqueza colonial

O burocrata lusitano Gandavo visualizou o Brasil como a solução para os pobres de Portugal que aqui chegando poderiam enriquecer ou pelo menos viver fartamente. Com quatro ou seis escravos, que podiam ser adquiridos com cerca de dez cruzados, qualquer colono vivia folgadamente, porque alguns escravos caçavam e pescavam e outros produziam mantimentos para si mesmos e seus donos. Dessa forma os moradores podiam viver com padrão da nobreza sem trabalhar com as mãos e muito mais folgadamente que em Portugal.

Gabriel Soares de Sousa, colono bem-sucedido, gabava a riqueza e os requintes do estilo de vida dos senhores de engenho que se vestiam e às suas famílias com tecidos preciosos como sedas, veludos e damascos, privativos da nobreza. Tinham cavalos muito valiosos e bem arreados e usavam em suas casas muitas baixelas de prata em que serviam fartos banquetes aos visitantes. Nas capelas particulares de seus engenhos, mantinham capelães com salários mais elevados do que os recebidos pelo clero da Sé do bispado. Eram capazes de manter também, com esmolas, a Irmandade de Misericórdia, que sustentava um hospital para pobres, marinheiros e degredados.

Sousa, entretanto, queixava-se de que os colonos eram solicitados a participar com suas pessoas, armas e mantimentos nos empreendimentos de interesse da metrópole, como a expulsão dos franceses do Rio de Janeiro, e não recebiam nem honras nem prêmios, como se costumava fazer na Índia.

Na colônia, os mais ricos eram os donos dos engenhos (cerca de quarenta por volta de 1587) seguidos de perto pelos criadores de gado. Em um nível médio e inferior estavam os produtores de mantimentos que os plantavam em terras próprias ou arrendadas dos grandes proprietários.

Ambrósio Soares Brandão, no seu *Diálogo das grandezas do Brasil*, é o maior defensor das riquezas e do esplendor da natureza brasileira. Ali, enumerava as seis atividades econômicas mais comuns no Brasil: a lavoura de açúcar; o comércio; a coleta e venda do pau-brasil; a lavoura de algodão e madeira; a lavoura de mantimentos; e a criação de gado.

A Bahia já possuía, em 1587, quarenta engenhos e muitas fazendas que produziam anualmente 120 mil arrobas de açúcar, apesar do pouco auxílio da metrópole, conforme se queixava Gabriel Soares de Souza, lembrando com saudade a ação de Mem de Sá. A cidade de Salvador tinha oitocentos vizinhos* mais dois mil se espalhavam pelo Recôncavo dentre os quais se podia levantar um exército de dois mil portugueses, quatro mil negros da Guiné e seis mil índios. Em caso de necessidade, podia se contar com 1.400 embarcações de porte variado e que habitualmente serviam para o deslocamento da população e da produção da Bahia.

Os engenhos, principalmente os mais afastados, além dos escravos e trabalhadores livres tinham ainda soldados mercenários para a defesa contra índios e corsários.

Na capitania de Pernambuco, nessa época, havia cinqüenta engenhos, enquanto Olinda já possuía setecentos vizinhos e muitos mais no termo da vila, podendo levantar três mil soldados portugueses, quatro ou cinco mil negros e milhares de índios.

---

* Habitantes legalmente reconhecidos de uma vila onde tinham alguma propriedade.

A renda anual de muitos senhores de engenho variava de cinco a dez mil cruzados e muitos voltavam ricos para o Reino de onde tinham saído pobres.

Além dos diversos tipos de lavradores, havia os comerciantes ou mercadores. Havia os que traziam mercadorias do Reino e as trocavam por açúcar, algodão e voltavam para lá. A segunda categoria era a dos estabelecidos em lojas abertas, onde vendiam com grandes lucros mercadorias européias. Outros enriqueciam como mascates, levando mercadorias para os engenhos e fazendas vendendo-as com muito lucro.

O caminho da riqueza parece ter sido o que levava o mascate para comerciante de loja aberta, este para atacadista e finalmente senhor de engenho. Brandão contava, escandalizado, que certo mercador comprara uma partida de escravos da Guiné que logo vendeu a prazo, sem ter entrado em sua posse, a um lavrador, com lucro de 85%!

Depois de ricos, adquiriam fazendas e engenhos e não mais exerciam o comércio, considerado desonroso para os que aspiravam a posição de nobilitante, o que era privilégio dos grandes proprietários.

Brandão, empenhado em defender as vantagens do Brasil sobre as possessões asiáticas, demonstrava que os comerciantes da Índia tinham toda sua riqueza empregada em bens e produtos móveis que eram levados e vendidos em Portugal onde adquiriam casas luxuosas. Os que enriqueciam no Brasil com engenhos e fazendas tinham suas posses aplicadas em bens de raiz, difíceis de serem vendidos e por isso preferiam permanecer aqui para gozá-los. Terminava dizendo que as fortunas daqui eram muito maiores — e nós acrescentaríamos: mais úteis para o povoamento permanente.

Para reforçar suas idéias quanto às possibilidades econômicas do Brasil, Brandão relatou que D. Manuel consultara um astrólogo que, computando a data da descoberta e a data do recebimento da notícia, havia concluído que "a terra novamente descoberta havia de ser uma opulenta província, refúgio e abrigo da gente portuguesa". Como se pode ver, a idéia de que o Brasil poderia ser refúgio vantajoso para portugueses era antiga, assim como o conselho de Gabriel Soares de Sousa ao rei afirmando que aqui se poderia edificar um grande império com prestígio mundial.

Esse quadro de riqueza, pretensões aristocráticas e realizações materiais consideráveis tem uma outra face, perversa e brutal.

EXPLORAÇÃO sexual das índias

O reverso da visão triunfalista de Gandavo, Soares de Souza e Brandão está na violência da escravidão, na promoção dos massacres indígenas e na exploração sexual das mulheres. Esses três fenômenos eram freqüentemente denunciados pelos jesuítas que encontraram grandes dificuldades em suas tentativas de mudar tal padrão de relações baseado na ganância dos colonos que apenas viam os índios como mão-de-obra a ser explorada e suas mulheres como objeto de uso sexual.

Uma das questões mais candentes entre jesuítas e primeiros povoadores foi a da união destes com índias, feitas sob forma de mancebia sem casamento legal. A poligamia possibilitava ao colono o acesso aos serviços e ao produto do trabalho de diversas mulheres. A mancebia facilitava também o abandono, a troca ou a multiplicidade de mulheres, havendo colonos que formavam verdadeiros haréns de índias. Esses costumes, apesar de constituírem pecado mortal para a Igreja Católica, eram encorajados por padres seculares que defendiam doutrinas heréticas como a de que não havia pecado nas regiões tropicais.

Os jesuítas começaram a pressionar os colonos para que se casassem ou se separassem, tendo sucesso em alguns casos com o auxílio das índias que cooptavam pela catequese, ou por meio de penalidades, como a negação da confissão ou freqüência à missa.

Conforme comentava o padre Manoel da Nóbrega em carta de 1550, apenas os homens pobres se casavam com as índias, enquanto os ricos, que pretendiam voltar a Portugal, não o faziam, muitas vezes por serem casados. No entanto, a razão mais provável para a relutância dos ricos em se casar deveu-se à legislação portuguesa que dava privilégios especiais aos chamados *homens-bons* — ricos proprietários que ocupavam os cargos municipais, militares e honoríficos e que gozavam de privilégios jurídicos semelhantes aos da nobreza. Para que pudessem ser *homens-bons* era preciso que suas esposas fossem *cristãs velhas* (descendentes de mais de seis gerações de cristãos), brancas e sem mancha de trabalho manual ou comércio de loja aberta. Se fossem *cristãs novas* (convertidas ou descendentes de judeus convertidos por menos de seis gerações), negras, mulatas, índias ou filhas de artesãos ou pequenos comerciantes seus maridos e filhos não poderiam ocupar posições de mando ou honra.

É por isso que toda vez que a História registra casamentos com índias fala-se em princesas ou filhas de *principais* (os "chefes") que traziam alianças vantajosas para os brancos. É o caso de Diogo Álvares Correia, o Caramuru, com Catarina Paraguaçu e o de Jerônimo de Albuquerque com a filha de Arcoverde.

Havia também grande número de filhos de brancos com índias. Uns viviam nas tribos fazendo guerra e praticando a antropofagia, enquanto muitas moças estavam amancebadas com colonos.

Os jesuítas se empenhavam muito particularmente em contatar e integrar esses mestiços na sociedade colonial, visando o aumento do número de cristãos e de portugueses.

Para moralizar o clero e a sociedade, os jesuítas lutaram muito pela vinda de um bispo, mas sofreram um grande desapontamento quando chegou D. Pedro Fernandes Sardinha. Apesar de culto e com fama de santidade, no Brasil revelou grande incompreensão para com as condições peculiares da colônia. Os clérigos que trouxe para as igrejas e a catedral logo se amancebaram com suas escravas que compravam entre as mais belas e caras. Além do mais, eles levantaram a interdição dos sacramentos negados pelos jesuítas por motivo de mancebia e escravidão do gentio, deitando a perder toda a luta de vários anos. Dessa maneira, os vícios antigos foram perdoados e justificados. Da mesma forma, cresceu a tendência das uniões ilegítimas com as índias e depois com as negras, dando origem a uma massa crescente de mestiços desprezados e miseráveis que formaram a base da sociedade brasileira.

Ao contrário do que faz crer certa historiografia, que propaga a idéia primária de que o brasileiro se fez pela união das três raças — branca, negra e índia — de forma voluntária e igualitária, ele foi em grande parte resultado da exploração sexual das escravas pelo seu senhor.

Os filhos que resultaram dessas uniões, raras vezes, foram reconhecidos, não recebendo educação, herança e, muitas vezes, nem mesmo a liberdade.

No século XVIII, o número desses destituídos já era tão considerável que consistia grave problema social em alguns pontos da colônia, chegando a ser objeto de legislação penal severa quando ocorriam crimes.

Os clérigos seculares, que Nóbrega dizia fazerem "ofício de demônios", apoiavam e até imitavam as ações dos colonos, dizendo que não era pecado amasiarem-se com as índias, porque eram suas escravas e que a escravização era lícita porque os índios eram como cães.

Por outro lado, é preciso lembrar que uma porcentagem considerável da população era formada por degredados que, sentenciados e transportados à força para a colônia, pouco se interessavam pela solução dos problemas locais. Se muitos se regeneraram e assumiram seu lugar na sociedade, outros preferiram multiplicar seus crimes, principalmente contra os índios, iniciando, por vezes, as lutas com os brancos que levaram a massacres mútuos.

ESCRAVIDÃO indígena

Os jesuítas lutavam pela liberdade dos índios: isto lhes facilitaria o trabalho de catequese e lhes daria mais poder, graças à enorme massa de manobra de que disporiam. Essa atitude, contudo, despertou violenta e amarga oposição dos colonos que reprovavam os jesuítas:

Se os padres vêm a tratar das almas, por que não tratam delas e de seu instituto somente? Por que se metem com os índios dos pobres? Por que lhes hão de tirar o seu remédio? Querem que vão suas mulheres à fonte e rio? E que vindo de suas terras a senhorear o Brasil fiquem iguais aos naturais dele?

Humilhados em sua terra natal, os portugueses pobres enxergavam no índio um ser inferior, sobre quem poderiam se afirmar, sentir-se superiores. E a Igreja, que posteriormente apoiaria com entusiasmo a escravidão negra, entrava em choque com seus interesses em sua política contrária à escravidão indígena.

Pouco a pouco, os colonos portugueses foram deixando de lado a exploração do trabalho indígena. Este não cessou completamente, mas a necessidade de mão-de-obra começou a ser suprida pelos escravos negros, dentro de um projeto mais amplo que viria a caracterizar o sistema colonial. A massa indígena continuou diminuindo, mas não de forma tão acentuada e a sua utilidade como força militar auxiliar contra quilombos e invasores se tornou patente.

O projeto jesuíta de uma nova sociedade católica entre os índios foi transferido para a Amazônia e para o Paraguai, mas ali também foi derrotado e destruído pelos interesses maiores da colonização européia. Os aldeamentos indígenas criados pelos governadores e dirigidos pelos jesuítas declinaram até o século XIX, ou pela dizimação, ou pela dispersão de seus habitantes ou ainda pela miscigenação progressiva com o restante da população.

O SUCESSO e as heranças da colonização

No final do século XVI, pode-se dizer que boa parte da faixa costeira estava colonizada pelos europeus e que a população nativa do litoral havia sido cultural e fisicamente submetida, expulsa ou exterminada.

A catequese, as doenças e a escravidão terminaram por destruir a cultura material e espiritual dos indígenas, vencidos da história. A ordem social vencedora nas terras brasileiras baseava-se sobretudo nos valores dominantes portugueses.

A consolidação da conquista territorial portuguesa variou em cada região de acordo com a capacidade de os povoadores superarem os desafios locais, obterem escravos e exercerem uma atividade econômica lucrativa e envolvida de um modo ou de outro com a produção de riquezas para a exportação e a possibilidade de adquirir bens europeus.

Nesse sentido, o principal fator que possibilitou a viabilização da colônia foi o sucesso da economia açucareira. Nos locais de terras e clima favoráveis à produção do açúcar, como as capitanias da Bahia e Pernambuco, a ocupação portuguesa avançou rapidamente. A de São Vicente, mesmo não possuindo engenhos poderosos, pôde desenvolver-se economicamente graças ao bandeirantismo.

Em menos de cem anos após o descobrimento do Brasil, os portugueses já haviam conseguido consolidar seu domínio. Mostraram-se, com relação a isso superiores aos nativos e aos franceses, duas das principais ameaças aos seus projetos. A partir daí, a economia açucareira adquiriu grande impulso, a população branca, negra e mestiça cresceu rapidamente (com a imigração, o tráfico e o aumento da natalidade) nas regiões mais desenvolvidas e o controle administrativo tornou-se mais eficiente. Do final do século XVI em diante, aumentou o número de engenhos, o que fez crescer o das vilas e cidades.

Observando os dois mapas sobre a ocupação e a criação de vilas e cidades nos séculos XVI e XVII, podemos ter uma idéia dos avanços da colonização.

A população da colônia foi se constituindo de tipos variados: portugueses e europeus de outros países, além dos vários grupos indígenas e africanos e da miscigenação, que foi grande, embora as uniões de brancos com índios e negros não fossem prestigiadas e boa parte delas tivessem sido constituídas com base na violência.

Da cultura indígena tupi-guarani do litoral só restaram traços incorporados pela população brasileira.

No que se refere ao intercâmbio cultural, além de tudo o que foi dito, é preciso lembrar que muitos observadores do século XIX se chocavam com a pouca roupa usada pelos homens e mulheres

Povoamento e urbanização do século XVI

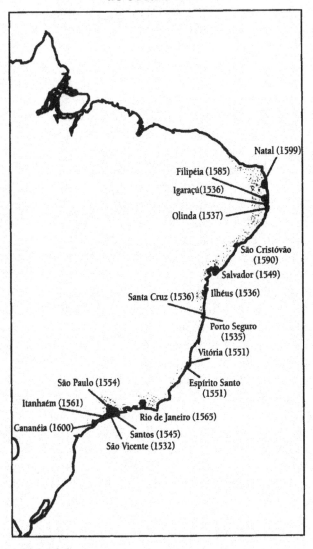

- ● Cidades
- · Vilas
- ▮ Áreas provavelmente sob a influência das cidades e vilas
- ▨ Áreas conhecidas e povoadas de maneira mais ou menos estável mas sem nenhuma vila ou cidade

brasileiros (mesmo ricos), quando estavam na intimidade e fora das vistas de estranhos. Era um hábito bem conseqüente e saudável para o clima tropical que só foi aceito e assumido na segunda metade do século XX. A redução ao mínimo das roupas íntimas, o uso de shorts, bermudas, biquínis, camisetas e blusas leves, minissaias, tão comuns em nossa época, foi inconcebível até a primeira metade do século XX em que se exigia a submissão total às modas oriundas de outras paragens mais frias e formais. O brasileiro da Colônia e do Império adotou costumes adaptados dos indígenas, mas só na intimidade quando não podia ser visto ou criticado pelos donos da verdade civilizada.

A imagem do Brasil, tal como foi vista pelos colonos, burocratas, jesuítas e visitantes, influenciou as opções do povoamento. Os recursos naturais já conhecidos e utilizados pelos indígenas de uma forma cuidadosa e sábia foram em grande parte depredados num aproveitamento desenfreado dos colonos e dos brasileiros de hoje. Tal foi o caso do pau-brasil, que praticamente desapareceu no século XVII; a mesma sorte tiveram os cajueiros do litoral e inúmeras outras frutas naturais depredadas sem qualquer preocupação de replantio. A destruição da vegetação dos mangues, indispensável para a reprodução da fauna marítima — moluscos, mariscos, ostras, caranguejos e peixes — não cessou até hoje e mesmo se agravou, com os elevados índices de poluição.

O patrimônio florestal, com exceção da Amazônia ameaçada, foi todo desperdiçado, assim como a fauna, na qual espécies inteiras desapareceram. Os rios, que durante vários séculos alimentaram a população, hoje são depósitos de esgotos e a sua poluição ameaça a vida humana. Aliás, muitos estão em vias de ressecamento pela eliminação total das matas ciliares e as que cercam as nascentes.

As maravilhosas riquezas naturais, que tanto deslumbraram os primeiros observadores, fomentaram, até certo ponto, a crença da abundância fácil, sem trabalho e infindável. A ilusão da existência permanente de novas áreas virgens para a ocupação econômica criou atitudes, visões de mundo e táticas de exploração econômica em que tudo era tirado, destruído e abandonado à própria sorte sem reposição alguma. O cronista Ambrósio

Povoamento e urbanização do século XVII

- ● Cidades
- · Vilas

 Áreas provavelmente sob a influência das cidades e vilas

 Áreas conhecidas e povoadas de maneira mais ou menos estável mas sem nenhuma vila ou cidade

Soares Brandão já assinalava, ao lado da grande riqueza obtida com pouco esforço pelos colonos, o seu total desinteresse em acrescentar produtos novos, em implantar culturas permanentes, em contribuir, enfim, com alguma coisa nova para a terra. Outros testemunhos reiteram essa opinião quando lembram quantas plantas européias cresciam e produziam no país, mas que não eram cultivadas por preguiça e comodismo. A tendência de desprezar o bem comum, de gastar tudo o que a natureza oferece sem nada repor, a preocupação exclusiva com o lucro imediato, tão criticada por Brandão no século XVII, ainda parece ser a regra geral em nossa sociedade.

A escravidão indígena e a negra foram em boa parte responsáveis pela desmoralização do trabalho, o qual ficou relegado às massas exploradas até a morte. Estudos modernos confirmam observações da época que constataram o espantoso desperdício de vidas humanas determinado pela escravidão no Brasil. Milhões de pessoas foram sacrificadas para riqueza e poder de uma pequena classe dominante irresponsável e indiferente à sorte da terra e também em benefício de uma elite na Europa.

Sugestões de leitura

As obras dos cronistas e viajantes sempre foram largamente utilizadas para informação e interpretação da história do Brasil. Dentre as obras indispensáveis a todos os interessados destacamos algumas por serem as mais completas, acessíveis e conhecidas.

AUTORES Jesuítas e Franciscanos

ANCHIETA, José de. *Cartas e informações, fragmentos históricos e sermões*. Belo Horizonte: Itatiaia; São Paulo: Edusp, 1988.

ASPICUELTA NAVARRO e outros. *Cartas avulsas, 1550/1568*. Belo Horizonte: Itatiaia; São Paulo: Edusp, 1988.

CARDIM, Fernão. *Tratados da terra e gente do Brasil*. Belo Horizonte: Itatiaia; São Paulo: Edusp, 1980.

LEITE, Serafim (org.). *Cartas dos primeiros jesuítas do Brasil*. São Paulo: Comissão do IV Centenário da Cidade de São Paulo, 1958, 3 v.

NÓBREGA, Manuel da. *Cartas do Brasil, 1549-1560*. Belo Horizonte: Itatiaia; São Paulo: Edusp, 1988.

SALVADOR, Frei Vicente do. *História do Brasil: 1500-1627*. 7. ed., Belo Horizonte: Itatiaia; São Paulo: Edusp, 1982.

VASCONCELOS, Simão de. *Crônica da Companhia de Jesus*. 3. ed., Petrópolis: Vozes/INL, 1977. 2 v.

AUTORES LEIGOS: colonos e burocratas

BRANDÃO, Ambrosio Soares. *Diálogos das grandezas do Brasil.* Salvador: Livraria Progresso, 1956.
A carta de Pero Vaz de Caminha. (existem várias edições dessa obra. A utilizada aqui é a comentada por Leonardo Arroyo. São Paulo: Melhoramentos; Rio de Janeiro: INL, 1971.)
GANDAVO, Pêro de Magalhães. *Tratado da Província do Brasil.* Rio de Janeiro: INL, 1965.
_____. *Tratado da terra do Brasil: História da Província de Santa Cruz.* Belo Horizonte: Itatiaia; São Paulo: Edusp, 1980.
SOUSA, Gabriel Soares de. *Tratado descritivo do Brasil em 1587.* 4. ed., São Paulo: Nacional/Edusp, 1971.

AUTORES estrangeiros

LÉRY, Jean de. *Viagem à terra do Brasil.* São Paulo: Martins/ Edusp, 1972.
STADEN, Hans. *Duas viagens ao Brasil.* São Paulo: Editora da USP; Belo Horizonte: Livraria Itatiaia,1974.
THÉVET, André. *As singularidades da França Antártica.* Belo Horizonte: Itatiaia; São Paulo: Edusp, 1978.

AUTORES contemporâneos

FERNANDES, Florestan. *A função social da guerra na sociedade tupinambá.* 2. ed. São Paulo: Pioneira/Edusp, 1970.
HOLANDA, Sérgio Buarque de. *Caminhos e fronteiras.* Rio de Janeiro: José Olympio, 1952.
_____. *Visão do paraíso.* 2. ed. revista e ampliada. São Paulo: Nacional/Edusp, 1969.
MAESTRI, Mário. *Os senhores do litoral: conquista portuguesa e agonia tupinambá no litoral brasileiro* (século XVI). Porto Alegre: Ed. da UFRGS,1994.

_____. *Uma história do Brasil: Colônia*. São Paulo: Contexto, 1997.

FAUSTO, Carlos. "Fragmentos de história e cultura tupinambá: da etnologia como instrumento crítico de conhecimento etno-histórico". In CUNHA, M. C. da (org.) *História dos índios no Brasil*. São Paulo: Fapesp. SMC/Cia. das Letras, 1992.

DANTAS, SAMPAIO e CARVALHO. "Os povos indígenas no Nordeste brasileiro. Um esboço histórico". In CUNHA, M. C. da (org.) *História dos índios no Brasil*. São Paulo. Fapesp. SMC/Cia. das Letras, 1992.

HEMMING, John. "Os índios no Brasil em 1500". In BETHELL, L. (org.). *História da América Latina*, vol. 1. São Paulo: Ed. da USP; Brasília: Fundação Alexandre Gusmão, 1997.

JOHNSON, H. B. "A colonização portuguesa do Brasil". In BETHELL, L. (org.). *História da América Latina*, v. 1. São Paulo: Ed. da USP; Brasília: Fundação Alexandre Gusmão, 1997.

RAMINELLI, Ronald. "Eva tupinambá". In DEL PRIORE, M. (org.) e BASSANEZI, C. (coord. de textos) *História das mulheres no Brasil*. São Paulo: Contexto, 1997.

CHAMBOULEYRON, Rafael. "Jesuítas e crianças no Brasil quinhentista.". DEL PRIORE, M. (org.). *História das crianças no Brasil*. São Paulo: Contexto, 1999.

PINSKY, Jaime. *A escravidão no Brasil*. 16. ed. São Paulo: Contexto, 1998.

DEL PRIORE, Mary. *Mulheres no Brasil colonial*. São Paulo: Contexto, no prelo.